CHRISTA LUDWIG

BLITZ OHNE DONNER

CHRISTA LUDWIG

BLITZ OHNE DONNER

VERLAG FREIES GEISTESLEBEN

Neuausgabe 2014
2., überarbeitete Auflage

ⓔ auch als eBook erhältlich

Verlag Freies Geistesleben
Landhausstraße 82, 70190 Stuttgart
www.geistesleben.com

ISBN 978-3-7725-2776-0

Umschlaggestaltung: Markus Hollinger
Umschlagfoto: Corbis/Mike Kemp/Blend
Satz: Bianca Bonfert
Druck: GGP Media GmbH, Pößneck
Printed in Germany

Inhalt

Viereinhalb Wochen vor den Sommerferien

Johannes war ein Sonntagskind. Er wurde an einem Sonntag geboren, an einem Morgen im September, und er lebte ein herrliches Sonntagskindleben, fast fünfzehn Jahre lang, bis zu jenem Nachmittag im Juli, als die Sonne in das Südfenster seines Zimmers schien und mit den Spiegeln an allen Wänden spielte. Nur, Johannes war nicht in seinem Zimmer, er stand im Nachbarhaus neben der Terrassentür, schaute nahezu geblendet in das Licht derselben Sonne, unter der er so lange glücklich gewesen war und die nun auf den geschwungenen Bogen einer Harfe schien. Die Saiten boten dem Licht kein Hindernis, auf den Teppich fiel kaum ein Schatten, aber Johannes starrte durch die zarten Drähte wie durch die Gitterstäbe eines Gefängnisfensters. Er war hier eingesperrt, hier war seine Grenze, an dieser Stelle war sein Sonntagskindleben zu Ende.

Dass er überhaupt so lange hatte glücklich sein können, verdankte er seinen – nahezu – tadellosen Eltern. Sophia und Stefan waren nett, immer da, wenn man sie brauchte, einsichtig, großzügig und reich. Nichts war an ihnen auszusetzen außer der Tatsache, dass sie ihn Johannes genannt hatten.

Jedes Mal, wenn er sich vorstellte –

«Wie heißt du?»

«Johannes.»

«Und weiter?»

«Beer.»

– war er versucht, zu buchstabieren B-ä-r. Aber so hieß er nicht. Er hieß Beer. B-e-e-r. Johannes Beer.

Nach einer kurzen Pause kam Gelächter. Er sah Spott in den Augen, gebleckte Zähne im Ring der Lippen, sinnlos geöffnete Münder, die keine Worte formten: Gelächter.

Früher war er dabei wohl auch rot geworden, johannisbeerrot, jetzt passierte ihm das nicht mehr. Man gewöhnt sich an alles oder kann zumindest so tun, als hätte man sich daran gewöhnt. Und je näher die Sommerferien kamen, desto leichter wurde es. Noch viereinhalb Wochen und dann ab nach Spanien, wo niemand, wenn er seinen Namen nannte, an Marmelade dachte.

Es war am frühen Nachmittag in der Physikstunde. Er dachte an Spanien und an Mercedes.

Man lacht nicht über Leute mit komischen Namen! Das war für Johannes ein Gesetz, und als Mercedes ihm vor vier Jahren vorgestellt wurde, hatte er sich das Grinsen verbissen. Dann lernte er, das ‹c› in jenem Mercedes zu zischen wie ein gelispeltes ‹s›. Aber erst viel später wurde Mercedes ein Zauberwort. Seit mehr als einem Jahr hatte er dabei nicht mehr an Autos gedacht.

Auf seinem Tisch lag noch sein Biologieheft von der letzten Schulstunde. Darin sagte der Längsschnitt eines menschlichen Kopfes: aaaaaaaaaaaaa. In den bei der ‹a›-Stellung breiten Raum zwischen Zunge und Gaumensegel malte Johannes Mercedessterne, wobei er nicht an Autos dachte.

Mercedes war die Tochter der Familie, die das Haus der Beers an der Costa del Sol betreute und, wenn nicht gerade Ferien waren, auch ganz bewohnte. Wenn die Beers anreisten, zogen sich die Spanier in einen kleinen Teil des Hauses zurück und betraten die anderen Räume nur noch, um dort zu kochen, zu räumen, zu putzen. Aber wie sie das taten! Gracias! – war das Wort, an dem Johannes das spanische Lispeln lernte, weil er das Gefühl hatte, sich ständig bedanken zu müssen, nicht nur dafür, dass Mercedes' Mutter kochte und seinen Dreck wegräumte, vor allem dafür, dass er überhaupt in diesem Haus wohnen durfte. Es gehörte nämlich offensichtlich den Spaniern. Niemals in seinem Leben sah Johannes eine dermaßen herablassende Geste wie jene, mit der Mercedes eine Türklinke herunterdrückte in *ihrem* Haus, gelassen durch die Tür ging und ihm mit gnädigem Kopfnicken bedeutete, er dürfe folgen.

Mercedes in Málaga hatte eine seltsame Eigenschaft: Sie wurde mit jedem Sommer schöner. Es hatte ganz harmlos angefangen. Als er elf war und sie fünfzehn, musste sie schon ziemlich hübsch gewesen sein, er erinnerte sich nicht daran. Im folgenden Jahr fiel ihm auf, was für ungeheuerliche Haare sie hatte – und Augen! –, und dann, als er fast vierzehn war und sie siebzehn, hatte er einen geradezu explosionsartigen Anstieg ihrer Schönheit festgestellt. Wenn das so weiterging mit ihr, mussten da unten in Spanien unaufhörlich Funken sprühen. Sicher war es so. Johannes hatte immer das Gefühl, dass Funken sprühten, wenn er nur an Mercedes dachte, und er dachte kaum noch an etwas anderes.

Fast hatte er Angst, ihr im Sommer wieder zu begegnen. Andererseits war es unerträglich, noch viereinhalb Wochen warten zu müssen.

Darum malte er Mercedessterne in alle seine Schulhefte und übte, klar und deutlich zu sprechen: «Merßedes, Merßedes, Merßedes ...», während der Physiklehrer ihnen den Rücken zuwandte, Hebelwirkungen an die Tafel zeichnete und nichts merkte. Aber Christian, der zwei Plätze weiter rechts saß, entdeckte mit seinen Adleraugen die Mercedessterne. Ausgerechnet Christian. Der war das kleine, lästige Ärgernis in seiner Klasse. Dauernd quirlte er um Johannes herum und zog ihn wegen seines Namens auf. Die anderen hatten das längst aufgegeben. Natürlich hatte Christian keine Ahnung, was die Mercedessterne in den Heften bedeuteten. Er warf einen roten Filzstift hinüber auf Johannes' Tisch, strich damit zwei Sterne durch, und peinlicherweise sagte Johannes: «Bleib weg von Merßedes», sagte es spanisch, und Christian entdeckte die Zunge an den Zähnen.

«Eine lißßßßpelnde Johannisbeere!» Er warf die Arme in die Luft, dass alle hinschauten. «Der kann immer noch kein ‹s›. Der ist unreif. Darum wird er auch nie rot, wenn man ihn ärgert. Johannisbeeren werden rot, wenn sie reif sind.»

Seit Jahren wartete Christian darauf, dass Johannes einmal rot wurde, rot wie eine reife Johannisbeere, aber der tat ihm den Gefallen nicht.

Da drehte sich der Physiklehrer um, sah die Unruhe, zwang mit einer Handbewegung Christians Blick wieder zur Tafel, und Johannes ließ das Biologieheft unter der Bank verschwinden.

Er näherte sich dem Physikunterricht, indem er versuchte, eine Kurve zu berechnen und zu zeichnen. Er wollte die explosive Entwicklung von Mercedes' Schönheit durch eine trigonometrische Funktion darstellen. So etwas hatte sein Vater ihm beigebracht – die trigonometrischen Funktionen natürlich, nicht eine mathematische Darstellung von Mercedes. Johannes aber hatte nicht viel davon kapiert, der Versuch misslang, in seiner Gleichung sprühten keine Funken. Sie war also falsch.

Er versuchte es mit einer einfachen Gleichung. Dabei jedoch kam nichts als eine Gerade heraus, das ging noch weniger, denn um Mercedes abzubilden waren unbedingt Kurven nötig.

Johannes strich die Kurve, in der keine Funken sprühten, durch und überlegte, ob er seinen Bruder fragen sollte. Thomas war zwar fast zwei Jahre jünger als er, aber ein Mathematikgenie wie der Vater. Der war Professor für Mathematik, und so etwas würde Thomas wahrscheinlich auch werden. Stefan und Thomas konnten einfach *alles* berechnen. Doch es hatte keinen Sinn, Thomas zu fragen. Der hatte zwar von den trigonometrischen Funktionen alles kapiert, von Mercedes dagegen nichts.

Neben dem Lehrerpult blinkte die Lampe, und damit war wieder ein Schultag zu Ende – ein Tag weniger bis zu den Sommerferien.

Auf dem Heimweg überlegte Johannes, warum Thomas von Mercedes' Veränderung nichts sah. Das musste an seiner Kurzsichtigkeit liegen. Wahrscheinlich konnten Brillen doch nicht die vollständige Sehkraft ersetzen.

Johannes' Sehkraft war allerdings an diesem Nachmittag auch getrübt, obwohl er wirklich Augen hatte wie ein Indianerhäuptling. Unkraut sollte er jäten in den Blumenrabatten hinter dem Haus, und schon als er die Steintreppe zum Garten hinunterging, wäre er beinahe gefallen. Er sah eine Stufe zu wenig, machte einen Schritt geradeaus und trat ins Leere. Dann stolperte er über die Steine, mit denen die Blumenbeete eingefasst waren, fing sich wieder und begann mit seinem Arbeitsauftrag. Als er aber nach ein paar Minuten anschaute, was er geschafft hatte, da hatte er genauso viel Kapuzinerkresse ausgerupft wie Löwenzahn und Ackersenf.

So ging das nicht. Er setzte sich auf einen Stein – viereinhalb Wochen bis zu den Sommerferien, dachte er –, malte einen Mercedesstern auf den Sandweg, wollte ihn wieder auslöschen, aber das erledigte der Hund für ihn, der plötzlich –

ein schwarz-weiß gezackter Blitz – über Rasen und Sandweg ins Blumenbeet sauste. Damit war dieser Teil der Rabatte hinreichend vorbereitet für eine Neubepflanzung.

Noch viereinhalb Wochen warten und dann drei Wochen Spanien, nur drei Wochen, weil in diesem Jahr niemand außer Johannes länger bleiben wollte oder konnte. Sein älterer Bruder Andreas kam gar nicht mit, Stefan musste zu einem Kongress nach Berlin, Thomas wollte zum Trainingslager seines Ruderclubs. Also musste Sophia ihn zurückbringen, und Johannes konnte schließlich nicht allein in Spanien bleiben. Spanisch sprach er noch weniger als Deutsch.

Er beschloss, das Gärtnern zunächst aufzugeben – mit Hilfe des Hundes waren ohnehin nur Rodungsarbeiten möglich – und Stöckchen zu werfen, damit wenigstens Bailando diesen milden Frühsommertag genießen konnte.

Bailando war ein Springerspaniel, und er machte dem Namen dieser Rasse Ehre, denn am liebsten sprang er – schwarz-weiß gefleckt und mit wehenden Schlappohren – den Katzen, den Raben, den Rehen nach, und wenn nichts anderes da war, auch einem Stock.

Johannes brauchte also einen Stock.

Er fand ein akzeptables Stück Holz im Gemüsebeet, den Zettel daran – ROSENKOHL – riss er ab. Er wog das Holz in der Hand und orientierte sich, wo er war. Vor zwei Wochen nämlich hatte er bei diesem Spiel eine der Bleiglasscheiben eingeworfen. Die waren zwar klein, aber teuer. Die Beers bewohnten ein altes Haus, eines von denen, die schöner werden, wenn sie altern. Es hatte viele Erker mit spitzen Hauben, kleinen Türmchen mit glasierten Ziegeln, geschnitzte Holzverkleidungen an den Balkonen, eine steinerne Freitreppe und eben diese mit Blei eingefassten Fensterscheiben, von denen Johannes nicht noch mehr einwerfen durfte. Es war das zweitschönste Haus in der Straße, nur das Nachbarhaus gefiel ihm noch besser, denn es stand seit einem halben Jahr leer, und das Einzige, was diese Häuser und Gärten noch anziehender machte als das langsame Altern, war ein bisschen Verwilderung. Aus Nachbars Rasen war eine Sommerwiese geworden, Moose und Flechten zierten das alte Mauerwerk.

Das würde nun wieder anders werden. Auf der Straße stand ein Möbelwagen. Neue Leute zogen ein. Hoffentlich waren die den Verlust der Sommerwiese wert.

Johannes schaute hinüber zum Nachbarhaus, sah nur das Obergeschoss, so hoch war die Lebensbaumhecke zwischen den beiden Grundstücken, und er warf das Holz. Zu weit. Immerhin nicht in Richtung Bleiglasscheibe. Es flog über die Hecke, Bailando sauste hinterher, schlüpfte durch das Gebüsch und war weg.

Johannes wartete –

Johannes rief –

Johannes wartete –

Er war sicher, dass er den Hund gerufen hatte. Er rief noch einmal und beobachtete genau die Muskeln um seinen Brustkorb. So wie er die zusammenpresste, musste er laut geschrien haben.

Er wartete.

Das war ungewöhnlich. Bailando apportierte zuverlässig. Es sei denn, er hatte einen Menschen getroffen. Er schloss begeistert neue Bekanntschaften. Johannes seufzte. Langsam ging er auf die Thujahecke zu und bog vorsichtig die Zweige auseinander. Erst mal gucken, auf welche Weise er nun die Nachbarn kennenlernen würde. Nicht alle neuen Bekanntschaften teilten Bailandos Leidenschaft für stürmische Begrüßung.

Und wirklich – es war gut, dass er sich zunächst im Hintergrund hielt. Was er sah, brachte ihn völlig aus der Fassung.

Da war ein Mädchen. Sie hatte offenbar keine Angst vor Hunden, denn sie hielt das Stück Holz, und Bailando sprang an ihr hoch. Was aber Johannes verblüffte, erschreckte, begeisterte, entsetzte, war – da stand mitten auf dem Nachbargrundstück in einer Sommerwiese zwischen Margeriten, Löwenzahn und Hornklee, umtobt von seinem Hund, an einem Frühsommertag viereinhalb Wochen vor den Sommerferien ein Mädchen und sah aus wie Mercedes.

Johannes duckte sich entgeistert im Lebensbaum und starrte auf seine neue Nachbarin. Nein, ganz so schön wie Mercedes war sie nicht. Sie war vielleicht vierzehn, und vor vier Jahren war Mercedes auch noch nicht so schön gewesen.

Sollte die da jetzt einziehen und mit einer langsam einsetzenden, sich allmählich steigernden, dann sprunghaft emporschnellenden Vermehrung ihrer Schönheit beginnen, dass es Tag und Nacht sprühte und funkte?

Das würde er nicht aushalten.

Das Mädchen fühlte sich beobachtet, blickte auf, schaute ihn an. Auch Bailando entdeckte ihn, raste auf ihn zu und wieder zu ihr zurück. Johannes konnte nicht mehr ausweichen. Er quetschte sich durch die Hecke.

«Hallo», sagte sie.

Er nickte.

«Dein Hund?», fragte sie.

Er nickte.

«Toller Hund.»

Er nickte.

Warum redet die so wenig, dachte er. Nur halbe Sätze ohne ‹s›-Laute. So krieg ich nicht raus, ob sie nun aus Spanien kommt. An dem ‹s› merkt man das meist. Das werden die Spanier nicht los, auch wenn sie deutsch sprechen.

Da bückte sie sich auch noch und streichelte den Hund.

Es war seltsam, auf diese dichten schwarzen Haare hinabzuschauen. Zu Mercedes musste er immer aufblicken, obwohl er seit Ostern größer war als sie.

«Ziehst du hier ein?», fragte er.

Das winzige Nicken ihres Kopfes musste wohl ‹ja› bedeuten.

Sie streichelte noch immer den Hund, schaute dann auf, eine Frage im Blick, eine wartende Ungeduld.

«Ich wohn da drüben», sagte er.

«Auch gut. Dein Hund gefällt mir. Wirklich, toller Hund.»

Das sagte sie nun schon zum zweiten Mal. Außerdem wusste Johannes das selber. Sehr informativ war dieses Gespräch bisher nicht und leider immer noch s-frei.

Sie hat viel kürzere Haare als Mercedes, stellte er fest, aber es ist die gleiche Sorte schwarze Haare. So etwas gibt es hier nicht. Ob sie auch solche Augen hat?

Er bückte sich und streichelte den Hund nun auch. Mit einem heftigen Ruck warf sie den Kopf hoch – ja, sie hatte auch solche Augen – und blickte zum Haus. Wahrscheinlich hatte jemand nach ihr gerufen. Schade, jetzt würde sie weggehen. Aber sie blieb und kraulte den Hund an der Kehle.

Ein Spaniel ist ein mittelgroßer Hund. Er ist gerade groß genug, dass zwei Menschen mit insgesamt vier Händen ihn gleichzeitig streicheln können, ohne einander zu berühren. Aber man musste schon aufpassen. Wenn Johannes sich vor zwei Jahren für die Deutsche Dogge entschieden hätte, die Thomas so gern wollte, hätte er es jetzt leichter gehabt.

Das Mädchen sagte: «Ich will auch einen Hund.»

«Deu ... Deutsche Dogge ist gut», stotterte er und dachte: Blödsinn, Doggen sind bescheuert.

«Nein», sagte sie, «Doggen finde ich doof.»

Es blieb eine Unterhaltung ohne ‹s›, aber Johannes witterte seine Chance.

«Setter», schlug er vor, «Setter?»

Gespannt schaute er auf ihren Mund. Jetzt, jetzt musste er kommen, der leichte Schlag der Zunge auf die Zähne.

«Nein, ich will einen Pudel oder einen Collie oder einen Dalmatiner. Aber ich kriege keinen Hund. Nie!»

Dass es so viele Hunde gibt ohne eine Spur von ‹s›. So kam er nicht weiter. Er musste fragen, ganz plump, ganz direkt.

«Kommst du aus Spanien?»

«Nein. Wieso?»

«Du siehst so aus.»

«Meine Mutter ist Italienerin. Und du?»

«Ich, was?»

«Wo kommst du her?»

Er kannte diese Frage. Deutsch war für ihn eine Fremdsprache, und natürlich wunderte sie sich über seine Aussprache. Vielleicht sollte er leiser sprechen. Wenn er aufgeregt war, wurde er immer zu laut.

«Von da», sagte er und zeigte hinüber zu seinem Haus.

Warum scheute er sich, ihr die Wahrheit zu sagen? Das war ihm noch nie passiert.

«Bist du erkältet?», fragte sie.

Gut – das war auch eine Möglichkeit, das fragten Fremde ihn oft. Er sprach immer so, als sei er schwer erkältet. Er hätte jetzt sagen müssen: Nein, ich ..., aber er nickte.

«Und wie heißt du?», fragte sie.

Natürlich! Das war die andere lästige Frage, die unerbittlich wie ein Naturgesetz jedes Kennenlernen zu einem Sketch machte. Diesmal konnte er nicht ausweichen.

«Johannes.»

Kaum gab er sich Mühe, deutlich zu sprechen, aber sie hatte ihn verstanden, und nach der üblichen kurzen Pause lachte sie. Genau wie alle anderen. Sie hatte also ihr Namensschild gesehen. Es hing klein, aber gut sichtbar neben dem Briefkasten am Gartentor. Nur Mercedes hatte nicht über seinen Namen gelacht. Sie konnte kein Wort Deutsch.

Das Mädchen lachte immer noch. Wieder wandte sie mit plötzlichem Ruck den Kopf zum Haus, hörte aber nicht auf zu lachen.

«Das ist nicht komisch!», sagte er.

«Doch!»

Sie strahlte ihn an, grinste und kicherte.

«Du hast nichts kapiert. Gar nichts. Kannst du auch nicht, du weißt ja noch nicht, wie wir ...»

So hatten die anderen nicht gelacht, so nicht. Die freute sich. Ja, es war ganz klar, die freute sich.

«Wir heißen Käfer!»

Er zuckte die Achseln.

«Kapierst du das nicht? Jetzt musst du doch kapieren!»

Sie grinste ihn an, schaute ihm gerade ins Gesicht, dann zuckten ihre Lippen, das Grinsen wurde breiter, kaum merklich drehte sie den Kopf, nur die Augen wandten sich deutlich dem Haus zu, fordernd, auffordernd, er sollte endlich verstehen, begreifen. Aber Johannes starrte auf ihren Mund.

«Mein Vater ruft mich», sagte sie.

Er nickte.

«Mich ruft er. Mich!»

Er nickte.

«Er hat meinen Namen gerufen! Hörst du?»

Beinah hätte er wieder genickt. Das wäre nun wirklich eine glatte Lüge gewesen.

«Warum kapierst du das nicht?», fragte sie. «Kannst du nicht zwei und zwei zusammenzählen?»

Doch das konnte er, wenn er auch wenig von der mathematischen Begabung seines Vaters geerbt hatte. Nur, die Aufgabe, die sie ihm da stellte, war für ihn eine Gleichung mit mehr als einer Unbekannten.

Und dann geschah zum ersten Mal, was von da an für ihn zu einer heimlichen, von niemandem bemerkten Quelle eines wundervollen Wissens werden sollte: lautlos, absichtslos und unbewusst formten ihre Lippen ein Wort:

– Maria –

Johannes hatte seine Unbekannte und konnte die Gleichung lösen.

Da hockten sie im hohen Gras, streichelten den Hund und grinsten sich an:

Johannes Beer und Maria Käfer.

«Mögen ...», sagte er, und er fühlte, dass seine Stimme noch seltsamer klang als sonst, «mögen Marienkäfer Johannisbeeren?»

«Wenn sie Läuse haben, ja. Marienkäfer leben von Blattläusen.»

Sie sprang auf und lief ins Haus.

«Ich bin verlaust!», schrie Johannes, so laut er konnte. «Total verlaust!»

Wie gut, dass Christian nicht da war, denn er merkte, dass er rot wurde, so richtig knallig rot wie reife Johannisbeeren. So werden sie meist erst im Juli, nicht viereinhalb Wochen vor den Sommerferien. Inmitten einer Frühsommerwiese stand er und fühlte sich wie Anfang August. Er spürte schon alles Gute des hohen Sommers in sich: die Sonnenwärme, die Beerenreife, die Blattläuse.

Blattlauszeiten

«Blattlauszeiten?»

Johannes hatte beschlossen, dass nun «Blattlauszeiten» für Johannisbeeren zu beginnen hatten, die er nicht mit Gift und Chemie bekämpfen würde, sondern auf natürliche Weise durch massiven Einsatz von Marienkäfern. Und er wollte Maria fragen, ob sie damit einverstanden war. Sehr vorsichtig und gar nicht aufdringlich wollte er sie fragen: «Blattlauszeiten?»

Aber Johannes war taub. Nicht schwerhörig. Taub. Bis jetzt hatte er für seine Bedürfnisse gut genug sprechen können. Sehr plötzlich, von einem Tag auf den anderen, brauchte er nun Feinheiten des Sprechens, die er bislang nie vermisst hatte.

Er ging auf eine Schule für Schwerhörige und Gehörlose, und er fragte, ob er in der Mittagspause eine Einzelstunde haben könne. Fragen wolle er üben.

So saß er mit dem Lehrer vor dem Visible Speech Trainer. Auf einem Bildschirm konnte er sehen, was er gesagt hatte.

«Blattlauszeiten?», und er schaute auf die zittrige Kurve, die seine Stimme auf den Monitor warf.

Wenn die Kurve nach oben ging, schwebend hochgeworfen endete, dann war ihm die Frage gelungen.

«Warum willst du sagen: Blattlauszeiten?», fragte der Lehrer.

Johannes zuckte die Achseln.

Der Lehrer fragte nicht weiter. Er half ihm. Sie übten, bis die zittrige Kurve Johannes bewies: Er hatte eine Frage gestellt. Er hatte es geschafft, die Stimme so zu heben, dass er eine Frage stellte. Ohne ein Fragewort.

«Sehr gut, Johannes! Sehr sehr gut!»

Das musste er sich nun irgendwie merken.

«Blattlauszeiten?»

Er behielt die Linie vor Augen, lief rasch nach Hause, verschlang ungewohnt hastig ein Stück Kuchen, pfiff den Hund herbei, und zusammen rannten sie in den Garten.

Johannes warf wieder Stöckchen für den Hund. RADIESCHEN stand diesmal auf dem Zettel, der flatternd im Gemüsebeet zurückblieb, und Johannes warf überhaupt nicht in die Bleiglasscheiben, sondern über den Lebensbaum ins Nachbargrundstück. Und jedes Mal schrie er laut: «Bailando, bring!»

Dreimal brachte Bailando das Stöckchen, dann kam er nicht zurück.

Drüben stand Maria. Sie war schon dem ersten Ruf: «Bailando, bring!» gefolgt und aus dem Haus gegangen, die Treppe hinunter, aber langsam, lauschend. Es war etwas seltsam an dieser Stimme, schwerer erkältet als alle Erkälteten, die sie jemals gehört hatte, fremder als alle Fremdsprachigen, die sie bisher hatte deutsch reden hören, und das waren viele. Sie zögerte. Dann entdeckte sie der Hund und brachte das Stöckchen zu ihr. Sie warf es Richtung Lebensbaumhecke, aber sie konnte nicht so weit werfen, und es flog nicht hinüber.

Sie rief: «Bailando, bring!»

Und schrie: «Bailando, bring!»

Aber nichts geschah, nur der Hund stand mitten in den Thujabüschen und wusste nicht wohin. Schließlich ging sie zu ihm, hob das Stück Holz auf, bog die Büsche auseinander, Johannes erschrak und flüsterte rasch: «Blattlauszeiten? Blattlauszeiten?», denn endlich apportierte Bailando, wozu er in Wahrheit ausgeschickt war.

Johannes, als Maria endlich vor ihm stand, machte eine zunächst ganz selbstverständliche, weil keineswegs neue Feststellung: Es fiel ihm auf, wie sehr eine gewisse Mercedes, die er aus Südspanien kannte, Maria ähnlich sah. Ja, früher, als er noch die Tage bis zu den Sommerferien zählte, da kannte er so eine eingebildete Spanierin, und die sah so ähnlich aus wie Maria.

Er sagte zunächst einmal «Hallo», und sie sagte auch «Hallo», aber dann kam er gleich zur Sache.

«Blattlauszeiten?», fragte er und dachte angestrengt an die nach oben schwingende Kurve auf dem Monitor.

Leider merkte er bei ihrer Antwort nicht, ob ihm die Frage gelungen war, ob sie ihn verstanden hatte, ja nicht einmal, was sie sagte. Denn sie wiederholte seine Worte:

«Blattlauszeiten.»

Und Johannes musste raten. Hatte sie nun bestätigt:

«Blattlauszeiten.»

oder hatte sie gar jubelnd gerufen:

«Blattlauszeiten!!!»

oder hatte sie zögernd seine Frage aufgenommen:

«Blattlauszeiten?»,

oder hatte sie ihn überhaupt nicht verstanden und gefragt:

«???Blattlauszeiten???»

Er schaute angestrengt in ihre Augen. Augen waren für ihn Satzzeichen: Fragezeichen, Punkte, Ausrufungszeichen.

Marias Augen waren tief dunkelbraun, das Braun war sehr warm, fast schwarz, es machte Sommerferien entbehrlich, fast überflüssig, sie anschauen und an Satzzeichen denken war schwer, fast unmöglich.

So durfte das nicht weitergehen.

«Ich bin taub», sagte er, «deshalb klingt das so komisch, wenn ich rede. Du musst mich immer anschauen, wenn du mit mir sprichst. Ich kann sehr gut Lippen lesen. Das ist alles ...»

Das Entsetzen in ihren Augen – damit hatte er nicht gerechnet, ein Entsetzen ohne irgendwelche Satzzeichen, ohne Punkt, ohne Komma, ohne Anführungsstriche, jenseits aller Ausrufungszeichen –

«... das ist alles nicht weiter ...»

– helles Entsetzen in dunkelsten Augen –

« ... nicht weiter schlimm ...»

Eine solche Reaktion kannte er nicht. Alle, denen er sagte, dass er nichts hörte, waren zuerst erschrocken, dann kriegten sie meist so einen mitleidvollen Blick, dass er lachen musste, vor allem, wenn sie mit übertrieben großen Bewegungen mit Lippen und Armen herumfuchtelten.

«Nicht so laut», sagte er dann, «ich bin doch nicht blind.»

Maria versuchte so etwas nicht. Ihr Mund blieb offen stehen, mitten zwischen ‹a› und ‹o›.

Ich werde mich, dachte Johannes, wohl daran gewöhnen müssen, dass dieses Mädchen immer etwas übertrieben reagiert. Ihr Vater ist ein ganz normaler Deutscher, nur ihre Mutter ist Italienerin, und sie sieht übertrieben spanisch aus. Sie mag übertrieben viele Hunderassen ohne ‹s›, sie hat übertrieben gelacht, als sie meinen Namen erfuhr – nun, da hatte sie auch einen Grund –, jetzt reagiert sie wieder übertrieben, vielleicht hat sie jetzt auch einen Grund? Vielleicht freut sie sich seit gestern darauf, mit mir in eine Disco zu gehen?

Er schnippte ein paar Blattläuse von Johannisbeerblättern, es war kein Zufall, dass er dicht bei den Sträuchern stand.

«Ich war mal in einer Disco», sagte er, «fand es ganz toll da drin, die Lichter und alles, ein paar Freunde von meiner Schule fanden es auch so gut, die sind schwerhörig, fast so taub wie ich, wir konnten uns da unterhalten, und meine Eltern haben noch nie gesagt, ich soll da nicht hin, weil das meinen Ohren schadet. Nie.»

Doch er erreichte keine Veränderung. Marias Lippen blieben erstarrt zwischen ‹a› und ‹o›. Und nun schloss sie auch noch die Augen, verdeckte ihm die Satzzeichen und wandte den Kopf ab, machte damit die Stille seiner Welt zu einer Rede ohne Antwort.

Aber er verpasste keine Antwort. Maria sagte nichts. Wenn sie ihm in diesem Augenblick gesagt hätte, warum sie so entsetzt war, warum es für sie vollkommen unvorstellbar war, dass ein Mensch nichts hören konnte – vielleicht wären sie auseinandergegangen und niemals etwas anderes als gute Nachbarn geworden.

Zweieinhalb Wochen später war das nicht mehr möglich. Da waren sie schon zu lange zusammen durch den Frühsommer gezogen, hatten sich dieselbe Sonne auf die Haut scheinen und von demselben Wind nach dem Schwimmen trocknen lassen.

Bei Carlo aßen sie Eis und beugten sich weit über die kleinen, runden Tische, damit Johannes das Erdbeereis aus ihrem und Maria das Zitroneneis aus seinem Früchtebecher löffeln konnte. Dort brachte er ihr das Fingeralphabet bei, und er war verblüfft, wie mühelos sie sofort die verdrehtesten Fingerstellungen nachmachen konnte. Eigentlich war er ein wenig enttäuscht, denn er fand keinen Grund, ihre Hände in seine zu nehmen und die Finger zu korrigieren.

«Wieso kannst du das so gut?», fragte er.

Maria zuckte die Achseln und schaute an ihm vorbei zum Fenster hinaus auf den See.

«Hast du das schon mal gelernt?», fragte er. «Kennst du Gehörlose?»

Maria schüttelte den Kopf und sagte ihm nicht, was ihre Finger gelernt hatten. Carlo stand neben ihnen, fragte sie etwas und bekam auch eine Antwort, aber davon verstand Johannes überhaupt nichts. Mit Carlo sprach Maria italienisch.

Aber mit dem Fingeralphabet kann man nicht reden, nicht miteinander. Jeden Tag lernte Maria ein paar der Zeichen, mit denen Johannes, seine Familie, seine Freunde ihr Reden begleiteten. Das machte Sprechen und Verstehen für ihn sehr viel leichter.

Und heimlich genoss Johannes Marias seltsame, ihr unbewusste Angewohnheit, stumm, nur mit den Lippen zu sprechen, was sie dachte und fühlte. Er fand bald heraus, wann sie laut sprach, ihm etwas sagen wollte, und wann ihre Lippen sich selbstständig machten. Auf diese Weise erfuhr er viel Neues über sich selbst: dass er hellblaue Augen hatte (die hatte er immer für grau gehalten), extrem lange Wimpern (war ihm noch nicht aufgefallen) und dunkelblonde Haare (hatte er immer farblos genannt). Geradezu ein Wunder aber war, dass er auf diese Weise seinen Namen lieben lernte. Meist nämlich sagte Maria stumm nur: Johannes. Und dann nahmen ihre Lippen vom ‹a› aus einen kleinen Umweg über ein winziges Lächeln, bevor sie zum ‹nn› weitergingen. Er musste nur aufpassen, dass er ihr niemals auf eine solch stille Bemerkung eine Antwort gab.

Auch Maria entdeckte, wie nützlich taube Ohren sein können. Wenn man plötzlich einen Elefanten oder einen Seiltänzer sieht, weil ein kleiner Wanderzirkus in der Stadt ist, müsste man eigentlich rufen: «Da – guck mal!»

Bei Johannes ging das nicht. Johannes musste man an der Schulter packen oder seine Hand nehmen, um ihn auf etwas aufmerksam zu machen. Als Maria die Elefanten und Seiltänzer ausgingen, weil der Wanderzirkus weitergezogen war, begriff sie allmählich die Großartigkeit vorbeispazierender Katzen, im Straßendreck schnüffelnder Hunde, grotesk geformter Wolken, seltener Automarken – alles Dinge, die ihr früher nicht aufgefallen waren, die nun aber ein Grund waren, um Johannes eine Hand auf die Schulter zu legen. Johannes seinerseits lernte rasch, immer dahin zu schauen, wo sich gerade keine Katzen aufhielten, keine Hunde, keine Wolken, schon gar keine Elefanten und Seiltänzer.

Und zweieinhalb Wochen lang verhinderte Maria, dass er sie in ihrem Haus besuchte.

«Wir sind noch nicht eingerichtet», sagte sie immer wieder, «alles völlig chaotisch, total ungemütlich, ich komm zu dir, ja?»

Zweieinhalb Wochen lang fragten auch seine Eltern Maria nicht:

«Wo gehst du zur Schule?»

«Was sind deine Eltern?»

Johannes hätte ein Mädchen aus den Slums anbringen können, seine – nahezu – tadellosen Eltern hätten sie gern im Haus gehabt. Es ist aber durchaus zweifelhaft, wie Sophia und Stefan reagiert hätten, wenn sie tatsächlich gewusst hätten, welchen Beruf Marias Vater hatte, was ihre Mutter war, wo sie selbst zur Schule ging; nicht in Johannes' Schule, das war klar, aber seine Brüder hatten sie in ihrer Schule auch nicht gesehen.

Sophia guckte manchmal ein bisschen misstrauisch, aber Sophia war eben ein bisschen misstrauisch. Oder gab es da doch einen Grund?

Maria blieb zum Mittagessen und sollte lernen, mit den Händen zu sagen: «Teller». Einen tellergroßen Kreis sollte sie mit der Hand beschreiben, aber Marias Teller wurde eine Salatschüssel für Riesen.

Maria lernte: «Löffel», Johannes lachte und gab ihr eine Suppenkelle.

Maria lernte: «Wasser», und das Haus ertrank im Meer.

Johannes lachte und sagte: «Du schreist! Merkst du nicht, wie laut du schreist?»

Und wenn Maria sagen sollte: «rot» und mit dem Finger auf den Mund wies, dann war das immer gleich tiefrosenrot. Aber dafür konnte sie nichts. So waren ihre Lippen, so rot.

Und Sophia guckte misstrauisch. Die großen Gesten des Mädchens waren ihr unheimlich, aber ihr fiel nicht ein, warum.

Maria allein wusste alles. Nur sie hätte verhindern können, was Johannes bevorstand. Aber sie ließ zweieinhalb Wochen vergehen, zweieinhalb Wochen Blattlauszeiten, und die waren nicht mehr auszulöschen mit all ihren Früchtebechern, Elefanten und Seiltänzern hinter Johannes' Rücken.

Sonntag

Johannes und Maria hatten nur den Mittwochnachmittag zusammen frei, denn beide gingen auf eine Ganztagsschule. Aber im Sommer war das nicht schlimm, die Abende waren lang. Maria hatte auch noch den Donnerstag frei. Den musste sie nutzen. Schon bevor Johannes überhaupt nur ahnte, was ihm bevorstand, begann Maria ihren Plan zu verfolgen. Dazu musste sie mehr über Johannes wissen, und also fragte sie seine Mutter aus. Sie hatte gerade noch drei Donnerstage bis zum Beginn der Sommerferien.

Erster Donnerstag mit Sophia

Maria ging durch den Garten, durch die Lebensbaumhecke, über den Rasen, an dem Gemüsebeet vorbei, von dem niemand mehr wusste, wo der Rosenkohl und die Radieschen wuchsen, und an den Johannisbeersträuchern entlang zur Terrasse. Da saßen Andreas und Sophia. Sie versuchte zu arbeiten. Auf dem Tisch lag eine Zeitschrift mit einem Artikel, den sie übersetzen wollte, aber Andreas störte sie. Er war neunzehn, hatte gerade die mündlichen Prüfungen hinter sich, das Abitur bestanden und glaubte, alle müssten mit ihm mindestens zwei Monate feiern. Maria ging durch die Oleanderbüsche und sagte:

«Wenn es nur darum geht, Sie bei der Arbeit zu stören, das kann ich auch.»

«Wahrscheinlich», sagte Andreas, «du hast nichts zu tun. Gehst du eigentlich irgendwo zur Schule?»

«Ich habe nur am Donnerstagnachmittag Zeit», sagte Maria,

«und die muss ich nutzen. Ich muss etwas wissen. Über Johannes. Es ist wichtig.»

Da klingelte das Telefon. Andreas ging ins Haus, dabei pfiff er laut. Er kam nicht zurück.

«Also», sagte Sophia und wollte mit einer einladenden Geste auf einen Stuhl zeigen, aber Maria saß bereits auf einem anderen.

«Seit wann ist er taub?», fragte sie.

Sophia schob die Zeitschrift hin und her.

«Warum willst du das wissen?», fragte sie.

«Ich muss es wissen. Ich habe etwas vor, und das schaff ich nicht allein.»

Sophia knickte Eselsohren in ihre Zeitschrift. Wer war dieses Mädchen, das daherkam, sich einfach auf einen Stuhl setzte und Fragen stellte? Noch immer irritierten sie Menschen, die so etwas taten. Sie setzte sich nie, bevor man sie aufgefordert hatte, und sie stellte auch keine Fragen. Aber solange sie nicht wusste, was dieses Mädchen vorhatte, würde sie ihr nichts erzählen, nichts Genaues.

«Johannes ist ein Sonntagskind», sagte sie, «das merkt man doch. So wie er ist. Und dafür hat er seinen Preis gezahlt. Alles hat seinen Preis.»

Maria sah sie fragend an.

«Also gut», sagte Sophia. «Ich erzähl es dir.»

Sonntagskind

In der großen Stadt, in der großen Klinik, in der Johannes geboren wurde, waren Sonntagskinder so selten wie aussterbende Blumen oder Tiere auf der roten Liste. Ab Freitagabend blieben nur ein paar überarbeitete Notärzte und Hebammen übrig. Die hochschwangeren Frauen, deren Kinder fällig waren, wurden früh am Freitagmorgen an den Wehentropf gehängt. Das Wehenmittel tropfte in ihre Venen und trieb ihre Kinder in diese Welt. Bis zum Beginn des Wochenendes war alles geboren und abgenabelt. Man hatte das im Griff.

Nur nicht Johannes. Denn der war ein Sonntagskind. Dagegen war nichts zu machen.

Er hielt sich still in Sophias Bauch, den ganzen Freitag, niemand rechnete mit seinem Erscheinen am Wochenende. In der Nacht von Samstag auf Sonntag sprengte er die Fruchtblase. Aus Sophia lief das Wasser ohne Schmerz, nur ungeheuer viel Wasser, und Stefan telefonierte nicht lange herum, sondern wickelte sie in Decken, legte sie auf den Rücksitz des kleinen Autos, das sie damals hatten, und fuhr los. Andreas, der überall im Weg herumstand, musste vorn sitzen. Er war damals fünf und hatte einen Brief in der Tasche, den er nicht lesen konnte. Es war dunkel. Stefan schnallte ihn an. Der Sicherheitsgurt lag ihm quer über dem Hals. Stefan merkte es nicht und Andreas sagte nichts.

Es war nicht weit bis zu der Klinik, in der Sophias Arzt tätig war, ganze Tage tätig war, manchmal auch Nächte, aber nicht in der Nacht von Samstag auf Sonntag.

Wegschicken konnte man sie nicht. Das war auch nicht nötig. Schließlich gab es eine Belegschaft für das Wochenende, die stand bereit. Noch rannte niemand auf den Klinikgängen, und es blinkten keine Alarmlämpchen. So ein bis zwei Stunden wird es noch dauern, sagte die Hebamme. Sophia hatte keine Angst, dies war ihr erstes Kind, aber sie hatte keine Angst, Stefan ein bisschen, Andreas viel, doch das war normal.

In den Krankenzimmern schliefen alle. Sophia lag in einem Bett auf dem Gang. Sie sollte von da gleich in den Kreißsaal geschoben werden. Auf dem Gang war es sehr hell. Stefan saß auf einem Stuhl neben dem Bett, Andreas an der Wand. Stefan hielt Sophias Ellbogen, der ein wenig unter der Decke hervorragte, und Andreas hatte die Hände unter die Oberschenkel geschoben, er saß auf den Handrücken, die Arme an den Körper gepresst.

«So saß er immer», sagte Sophia. «Es war ganz schlimm. Wirklich ganz schlimm.»

«Was ist daran so schlimm?», fragte Maria.

Sie schob die Hände unter die Oberschenkel und wippte auf dem Stuhl hin und her.

«Nicht so», sagte Sophia. «Du sitzt auf den Innenflächen. Dreh mal die Hände um.»

Maria tat es.

«Wie fühlst du dich jetzt?»

«Bequem ist das nicht», sagte Maria.

«Und du musst bedenken, dass so ein Kind im Verhältnis zum Körper viel kürzere Arme hat.»

«Es ist wie ...», sagte Maria, «wie ... wie so ein Männchen, das kleine Kinder malen, so eins mit Kopf und Füßen und sonst nichts. So.»

Aber dann zog sie die Hände rasch wieder unter den Beinen weg.

«Wieso war Johannes dein erstes Kind?», fragte sie. «Was ist mit Andreas?»

«Andreas ist nicht mein Sohn», sagte Sophia. «Darum schleppte er immer diese Briefe mit herum. In allen Hosentaschen. Ich musste so aufpassen, dass ich sie rausnahm, wenn ich seine Hosen in die Wäsche tat.»

Es waren Briefe von seiner Mutter, denn Andreas war Stefans Sohn, aber nicht Sophias. Von seiner Mutter sprach man nicht, und man wusste nicht viel von ihr, nur dass es sie gab. Tot war sie nicht, denn sie schrieb diese Briefe, die Stefan nicht las und Andreas noch nicht lesen konnte. Sophia musste sie ihm vorlesen, hatte aber Probleme, die Schrift zu entziffern. Es waren sehr kurze Briefe und am Schluss, da, wo normalerweise steht: ‹Mit lieben Grüßen› oder so etwas, da war die Schrift vollkommen unleserlich. Das wurde zu Andreas' Hoffnung. Es hätte ja sein können, dass am Schluss etwas stand, worauf er wartete. Er wusste nicht was. Irgendetwas, auf das er wartete. Aber der letzte Brief war schon ein halbes Jahr alt, er zerfiel, und die Chance, dass ihm jemals jemand die letzte Zeile vorlesen würde, wurde immer geringer.

Er schaute auf Sophias Bauch unter der dünnen Bettdecke und hatte Angst.

Und dann ging das los: Notfall, Unfall, eine schwangere Frau, Kaiserschnitt, sofort. Während der Wochenenddienst sich im OP bemühte, eine junge Frau zu retten, hatte Sophia heftige Wehen. Stefan rannte auf dem Gang hin und her, brachte niemanden herbei als zwei Nachtschwestern, die wenig helfen konnten. Andreas saß auf seinen Händen. Er konnte Sophias Kopf sehen. Sie war beherrscht, wie immer, schrie nicht, stöhnte nicht, kaum, dass sie das Gesicht verzerrte, und Andreas dachte: Dafür also hat sie so geübt, dass sie immer dasselbe Gesicht macht, wie eine Maske.

«Das stimmt nicht», sagte Maria. «Ich finde, du hast ein sehr bewegliches Gesicht. Sehr. Also wirklich! Maske! Nee!»

«Jetzt», sagte Sophia, «jetzt ja, weil wir Johannes haben und weil er so ist, wie er ist. Aber damals...»

«Mach mal Maske», verlangte Maria, «mach mal!»

Sophia grinste, ließ das Grinsen einfrieren, verschob die Mundwinkel zu einem künstlichen Lächeln und blieb so.

«Toll!», rief Maria. «Toll! Wie ein Profi. Echt.»

Profi, dachte Sophia hinter ihrer Maske, was meint sie mit Profi?

Und dann fiel ihr ein: Theater! Die sind vom Theater. Schauspieler. Darum macht sie auch so riesengroße Gesten und sagt ‹Suppenkelle›, wenn sie mit den Händen ‹Löffel› sagen soll. Theaterleute. Das wird schwer für Johannes. Was soll er im Theater? Da gibt es keine Untertitel.

«Erzähl weiter!», sagte Maria.

Stefan und die beiden Nachtschwestern standen vor Sophia mit dem unbewegten Gesicht und dem geschüttelten Körper, durch den Wehen liefen. Die machten Wellen auf der Bettdecke.

«Ich geh in den Kreißsaal», sagte die eine Nachtschwester, «ich hol die Hebamme.»

«Die sind nicht im Kreißsaal», sagte die andere, «die sind im OP, die machen einen Kaiserschnitt.»

In einer Sonntagnacht auf dem Gang im Krankenhaus gebar Sophia ihr erstes Kind. Es lag richtig, aber es hatte die Nabelschnur um den Hals, es rutschte in eine Schlinge hinein, die sich zuzog, war schon ganz blau im Gesicht und schrie nicht. Die eine Nachtschwester löste die Nabelschnur, die andere rannte zum OP.

«Aber das Gehirn war schon unterversorgt, gefährlich lange, Sauerstoffmangel», sagte Sophia, «sonst wäre er nicht so blau im Gesicht gewesen.»

«Und das hat ihm die Ohren kaputt gemacht?», fragte Maria.

«So kann man das nicht sagen», Sophia schüttelte den Kopf. «So einfach ist das nicht.»

«Und wie kann man das sagen?»

«Im Augenblick gar nicht. Weil ich nämlich keine Zeit mehr habe. Ich muss diesen Artikel übersetzen.»

«In welche Sprache?»

Maria beugte sich vor und las, was Sophia schon geschrieben hatte.

«Italienisch! Ich helfe dir. Dann geht es schneller.»

Sophia grinste und schob ihr die Zeitschrift hin.

Aber da standen lauter Wörter, die Maria nicht kannte, auf Deutsch nicht und auf Italienisch erst recht nicht.

Sophia stand auf und ging zur Tür. Maria blieb nichts anderes übrig, als ihr zu folgen. In Sophias Haltung war etwas Abweisendes, fast Feindliches. Alles, was Maria dazu einfiel war: Aber ich nehme ihn ihr doch gar nicht weg.

Auf die Idee, dass sie mit ihrem Plan Johannes' Sonntagskindheit zu einem Ende brachte, kam sie nicht.

Johannes hatte eine schöne Kindheit. Wenn seine Freunde beim Spielen draußen zusammenzuckten, die Hände an die Ohren schlugen, den Kopf einzogen, dann schaute er rasch an den Himmel. Da schossen diese grauen Vögel durch das Blau, hoch und riesig, schneller und gerader flogen sie als alle anderen Vögel, die er kannte. Niemals sah er sie auf den Ästen sitzen.

Als seine Taubheit festgestellt wurde, handelten seine Eltern sofort. Johannes lernte sprechen und Lippen lesen, auch im Spiegel. Damit er immer alle von vorn sehen konnte, wurden überall im Haus Spiegel aufgehängt. Seine Eltern und Brüder lernten die Gebärden, mit denen er alles unterstützte, was er sagte, denn an den Lippen sieht man nicht jeden Laut.

Inzwischen konnte er perfekt von den Lippen lesen, und wenn er nicht viel sagte, merkten Fremde oft nicht gleich, dass ihm etwas fehlte. Sie wunderten sich über seine seltsame Aussprache und dachten, er sei erkältet.

Der Jahreswechsel war für ihn ein Fest zerplatzender Lichter – er durfte aufbleiben und am Fenster stehen, obwohl ihn kein Kanonenschlag geweckt hätte –, die Silvesternacht war eine Feier der über den Himmel sprühenden Farben, der funkelnden, bunten, hochsteigenden Sterne mit langen Schweifen aus Licht und Gold.

Und wenn Thomas bei Gewitter sich eine Decke über den Kopf zog, lief Johannes in den Garten. Er glaubte, die Sterne seien verrückt geworden. Verrückte Sterne aber waren noch prächtiger als die vernünftigen. Sie zuckten und zackten über den Himmel, zerteilten, zerrissen die Wolkentürme, spielten übermütig mit Hell und Dunkel. Der Sommerregen lief ihm über das Gesicht, und er war glücklich in seiner Welt von Blitz ohne Donner.

Selten war er traurig, weil seine Welt so still war. Einmal hatte er im Zirkus geweint, aber auch das fand ein gutes Ende. Sophia ging früher oft mit ihm in den Zirkus. Im Kindertheater hörte er nichts, Handpuppen und Marionetten blieben stumm für ihn, die sprechenden Teddys und Mäuse im Fernsehen sagten ihm nichts, aber im Zirkus verstand er fast alles. Wenn der Zirkusdirektor etwas Wichtiges ankündigte, erzählte Sophia es ihm. Im lautesten Trommelwirbel las er ihr von den Lippen, dass Robertino nun den dreifachen Salto springen würde, bei dem sein Großvater Roberto sich dereinst das Genick gebrochen hatte, und schaudernd blickte er hoch zum Trapez.

Aber über Manolito, den Bauchredner, konnte er nicht lachen. Er fand die zappelnde Indianerpuppe auf Manolitos rechtem Arm nur albern und fragte, was daran so komisch sei. Sophia erklärte es ihm, und mitten im lachenden Zirkuspublikum saß Johannes und weinte. Nein, nicht mitten, er saß in der Loge, ganz vorn, und Manolito sah ihn weinen.

«Was hast du?», fragte die Indianerpuppe.

Aber die verstand Johannes ja nicht.

«Hast du Angst vor den Tigern?», fragte Manolito.

Johannes schüttelte den Kopf.

«Das brauchst du auch nicht. Sie werden eingesperrt. Schau, da bringen sie schon die Gitter.»

«Tun dir die Tiger leid, weil sie eingesperrt werden?», fragte die Indianerpuppe, und Manolito haute ihr auf den Mund, denn so etwas sagt man nicht im Zirkus.

«Er ist taub!», rief Sophia. «Er kann die Puppe nicht verstehen, nur von den Lippen lesen.»

Manolito stand reglos, die Puppe hing schlapp an seiner rechten Seite, es wurde still.

«Schau her», sagte Manolito, «für dich. Für dich allein.»

Die Indianerin wurde wieder lebendig, aber sie rollte nicht mehr mit den Augen, zappelte nicht mehr mit den Händen, Manolitos geschickte Finger blieben nur in den Gummilippen: die sprachen, Manolitos Bauch schwieg. Er konnte Arien singen, Zigarren rauchen, Wodka trinken, während sein Bauch für die Indianerin quasselte und plapperte, ihre Lippen aber richtig sprechen zu lassen, brauchte seine vollständige Konzentration. Viel ‹o› und ‹a› sagten sie, dann Silben, Worte. Johannes lachte, er allein verstand die Witze, die Manolito gelangen, am komischsten aber waren die, die ihm missglückten, und von den tausend und tausend Menschen in dem großen Zelt konnte einzig Johannes darüber lachen. Er schüttelte sich, er bog sich vor Lachen; sonst war es still, im Hintergrund zitterten die Raubtiergitter, das Trapez schwang leer unter der Zirkuskuppel.

Es war Johannes also gut gegangen. Er litt nicht darunter, dass er etwas zu entbehren hatte.

Bevor er Maria traf, war das nicht so schlimm. Und zweieinhalb Wochen lang gab es keine Probleme. Da erst sagte sie: «Ja, komm morgen Nachmittag zum Kaffee, so um vier.»

War ihr bewusst, dass es ein Sonntag war?

Johannes kam zu früh, natürlich, und durch die Haustür, nicht durch den Garten. Er drückte auf den Klingelknopf unter dem Namensschild «Käfer». Marias Mutter öffnete. Sie sah ziemlich italienisch aus, aber nicht annähernd so spanisch wie ihre Tochter. Die hatte offenbar nichts erzählt von Johannes' Taubheit, zumindest bemerkte er nicht jene übertriebenen Bewegungen der Lippen, mit denen Fremde ihn sonst ansprachen. Er dachte, Maria würde ihm entgegenkommen. Das tat sie aber nicht. Ihre Mutter führte ihn in das Wohnzimmer und überließ ihn ahnungslos seinem Schrecken.

Er wusste durchaus, was das für ein Gegenstand war, der mitten in dem großen Zimmer stand, wenn er so etwas auch nur von Bildern kannte. Er sah sich dunkel gespiegelt im schwarzen Glanzlack eines Konzertflügels, sah das breite Maul dieses einflügeligen Ungeheuers geöffnet, eine Reihe vorbildlich gerade gewachsener weißer Zähne fletschte ihn an, dazwischen freilich viele schwarze Streifen. Offenbar war das Gebiss des Monsters doch hochgradig kariös. Aufgeschlagen lag ein Notenheft, Zeichen, mit denen er niemals einen Sinn verbinden würde. In einem Glasschrank rechts hingen Flöten, große und kleine, hölzerne und silberne. Links, nahe der Terrassentür aber stand eine Harfe, dahinter Maria. Alles Licht des Nachmittags fiel durch die gläserne Tür, ungehindert durch die Saiten der Harfe, und doch hatte Johannes das Gefühl, sie stehe im Licht, er aber in völligem Dunkel.

Sofort begriff er, was sie ihm verschwiegen hatte. Maria, wenn jemand ‹Flügel› sagte, dachte so wenig an Vögel wie er an Autos, wenn einer von ‹Mercedes› sprach. Sie blieb hinter der Harfe, hinter diesem Drahtzaun gespannter Saiten auf einem fremden Grundstück, zu dem er niemals einen Zugang erhalten würde.

Sollte er Anlauf nehmen? Auf sie zurennen? Sich gegen den Drahtzaun werfen?

Was würde dann geschehen? Die Saiten würden schwingen und Töne erzeugen, die sie hören würde und er nicht. Selbst als Maria um die Harfe herumging, zu ihm kam, seine Hand nahm, blieb der Abgrund zwischen ihr und ihm.

Das also war die Welt, in der sie lebte. Darin würde er immer ein Fremder sein. Diese Sprache würde er niemals lernen.

Und damit war sein Sonntagskindleben zu Ende.

Sie zog ihn mit sich in den Garten, denselben Garten, in dem sie vor zweieinhalb Wochen einander zum ersten Mal begegnet waren. Sie fasste ihn leicht an der Schulter, sagte: «Da – schau!»

Ein Buchfink mit rotbrauner Brust und grünem Schwanz.

Sie lächelte – er nicht.

Bunte Vögel, ja, er mochte Vögel bunt, die grauen bedeuteten ihm wenig. Es gibt einen graubraunen Vogel, der früh morgens hoch in den Himmel steigt. Mehr wusste er nicht von der Lerche, und nichts wusste er von der Nachtigall.

Da sah er das feine Schwingen auf Marias Mund, noch stiller als still, und er las ihr das Ungesagte von den Lippen:

Und ich werde ihn fühlen lassen, was Musik ist. Das geht. Irgendwie. Es muss gehen. Weil ich ihn doch so wahnsinnig lieb habe.

In Johannes' Kopf begann ein lautloses Rauschen und Dröhnen, als setzte nach zartem leisem Solo der Geige – oder Harfe? – nun das ganze Orchester ein, die Bogen strichen fest über die Bratschen, die Trommeln wirbelten, die Pauke dröhnte, mit vollen Backen bliesen die Trompeter.

Der Buchfink flog davon, Johannes schaute ihm nach. Er war eben doch in einer Glückshaut geboren. Kaum ging ein Leben für ihn zu Ende, da fing schon ein neues für ihn an.

Und wieder begann es an einem Sonntag.

Singen

Marias erster Versuch, Johannes zu zeigen, was Musik ist, ging so ziemlich daneben und war trotzdem ein Riesenerfolg. Er wusste hinterher kein bisschen mehr von Musik als vorher, aber weder ihm noch ihr tat das leid. Maria wollte nämlich Johannes beibringen, was sie selber gerade lernte, in ihrer Schule, und das konnte nicht gut gehen. Dabei lagen ihre Schulen ziemlich dicht beieinander, wenn man die kürzeste Entfernung berechnete, nur ging das nicht in Luftlinie, weil zwischen ihrer und seiner Schule keine Luft war, sondern Erde.

Johannes und Maria wohnten auf einer Landzunge, einer großen Halbinsel im See, auf der südlichen Seite, hoch oben am Hang. Unten am See war eine Schule für Schwerhörige und Gehörlose, für viele Schüler ein Internat, aber Johannes konnte bei seinen Eltern wohnen.

Dass auf der anderen Seite der Halbinsel in einem kleinen alten Jagdschloss im Wald eine Musikschule aufgebaut wurde, hatte mal in der Zeitung gestanden, die Beers hatten es gelesen und vergessen, es war für sie nicht wichtig.

Der Hügelkamm der Halbinsel war eine Wasserscheide geworden: nach Süden, in Johannes' Schule, flossen die Schwerhörigen und Gehörlosen, den nördlichen Hang hinunter strömten die Ohrenmenschen, Experten von Tonhöhen und Intervallen mit empfindlichem Gehör, die mit Sicherheit höchst unangenehm betroffen zusammenzucken mussten, wenn Stefan beim Blumengießen vor sich hin pfiff und – im schlimmsten Fall – Thomas auch noch mitsang. Aber selten verliefen sich die Ohrenmenschen auf die Gehörlosenseite, außer den Käfers wurde niemand geschädigt vom Pfeifen und Summen der Beers, die alle von musikalischen Karrieren genauso weit entfernt waren wie Johannes.

Marias Vater war Konzertpianist, ihre Mutter Sängerin. Bisher war es gleichgültig gewesen, wo sie wohnten, sie waren ohnehin nie zu Hause. Maria hatte den größten Teil ihres Lebens in einem Internat an der Nordsee verbracht. Nun hatte man ihrem Vater eine Professorenstelle in der neuen Musikschule im Süden angeboten, und ihre Mutter würde dort zweimal jährlich eine Meisterklasse für Gesang unterrichten. Sie hatten zugesagt und ein Haus in der Nähe gekauft. Da in Norddeutschland schon Sommerferien waren, hatte Maria das Schuljahr bereits abgeschlossen. Das bedeutete für sie niemals Ferien. Sie nahm an Kursen teil, die ihre Eltern in der neuen Musikschule gaben, und hatte endlich Zeit für ihre Harfe, lernte ein wenig Klavier bei ihrem Vater, Gesang bei ihrer Mutter.

Und das, dachte sie, kann Johannes auch.

Johannes kann sprechen, dachte Maria.

Wer sprechen kann, kann auch singen, dachte Maria.

Der Unterschied ist nicht viel anders als der zwischen Erstem und Zweitem Programm, man schaltet einen anderen Sender ein – dachte Maria.

Wie man schaltet im Kehlkopf, das kann ich ihm zeigen. Und wenn er dann singt, dann passiert irgendwas.

Dachte Maria.

Es passierte auch was – ohne dass Johannes sang.

Maria erzählte von Zwerchfell, Atmung, Stimmlippen, Kehlkopf.

Johannes lachte.

Er lachte so gern. Lachen war für ihn sehr viel weniger anstrengend als sprechen. Er nahm ein Blatt Papier und einen Stift. Darauf malte er einen Kehlkopf, Längsschnitt,

Querschnitt, Draufsicht – das alles war ihm sehr viel länger bekannt als ihr. Wer nicht hört, was er spricht, muss ganz bewusst mit dem Kehlkopf umgehen und darum wissen, wie da alles funktioniert.

Maria strahlte. Das lief besser, als sie erhofft hatte. Jetzt also umschalten auf den anderen Sender, nicht vom Ersten aufs Zweite Programm, sondern von NTV auf MTV.

Aber dann stand sie da und wusste nicht, auf welchen Knopf sie drücken sollte.

Johannes schaute sie neugierig an.

Was hatte ihre Mutter gemacht?, überlegte Maria.

Sie hatte Vokale gesprochen: ‹a›; ‹i›; ‹o›

Und dann Vokale gesungen: ‹ma›; ‹mi›; ‹mo›

Und dazwischen hatte ihre Mutter nicht auf einen Knopf gedrückt, sondern gesagt: «Und jetzt singen.»

Wer zu Chiara Lucia Tacchero in die Gesangstunde kam, wusste natürlich, wie das geht: singen.

Johannes guckte Maria immer noch so neugierig an. Er wartete. In seiner Schule brachte man das den kleinen Kindern anders bei. Bei Vokalen schwingt der Kehlkopf. Wer das nicht hören kann, muss es fühlen. Das kann man nur, wenn man seinem Lehrer den Finger auf den Hals legt. Seine Hände zuckten.

Maria probierte, was sie denn selber anders machte.

Sie sagte: «Johannes.»

Sie sang: «Johannes.»

Sagen, singen, «Johannes», «Johannes», sie rief ihn, mit Sing- und Sprechstimme rief sie ihn. Also kam er.

«Wir machen das so», sagte er und zögerte. Sie machten das schon lange nicht mehr so. Er berührte seine Lehrer nicht und sie ihn nicht. Sprechen lernen mit den Eltern, den Geschwistern, das war früher wie ein Streicheln. Aber jetzt konnten sie das. Wen streichelte er jetzt? Natürlich – den Hund. Sehr langsam legte er Maria die Finger auf den Kehlkopf, die Fingerkuppen nur, ganz sacht, denn wenn man fest darauf drückt, kann man die Schwingung nicht fühlen.

Als Erstes spürte er: Maria schluckte. Sie war still, kein Singen, kein Sprechen. Er schluckte auch.

So standen sie – eine Minute, vielleicht zwei oder länger, so lang.

Dann sagte Maria: «Johannes.»

Und sang: «Johannes.»

Er spürte einen feinen Unterschied. Mal war die Schwingung wie immer, und dann war sie höher, leichter, auch etwas weiter weg, tiefer drinnen im Hals.

Ist Singen so leise?, dachte er.

Was ist laut? Was ist leise?

Er suchte den Unterschied zwischen «Johannes» und «Johannes», irgendwo musste etwas sein, das Singen laut machte. Oder sang sie so leise? Seine Finger glitten an ihrem Hals entlang, die Wangenknochen hinauf bis hinter die Ohrläppchen, da fühlt man es auch. Und auf dem Kopf. Die Schädeldecke schwingt mit. Er musste sich durch Marias dichtes Haar bis zur Kopfhaut durchwühlen. Seine Hände verfingen sich in schwarzen Strähnen. Längst vibrierte mehr als ihr Kopf. Dabei standen ihre Lippen still. Seine Hände zitterten zu etwas, das sie nicht gesagt hatte, nicht gesprochen, nicht gesungen. Und er wusste nicht, was da flatterte und bebte. Ihr Körper? Seiner? Beide.

So standen sie lange, und er hielt ihren Kopf in den Händen.

Es war ganz still.

Johannes verpasste nichts.

Es war an einem Mittwochnachmittag, als Marias erster Versuch so fantastisch danebenging. Sie gab ihren Plan natürlich nicht auf. Es gab zwei Möglichkeiten: Entweder gelang es ihr beim nächsten Versuch, Johannes zu zeigen, was Musik ist; oder aber es gelang nicht. Und dann konnte es ja sein, dass alles wieder so fantastisch schiefging. Diese Gehörlosen waren voller Überraschungen.

Aber der nächste Tag war zunächst einmal ein Donnerstag. Bis zu den Sommerferien hatte sie noch zwei Donnerstage, um Sophia auszufragen.

Zweiter Donnerstag mit Sophia

Es war heiß. Seit Wochen hatte es nicht mehr geregnet. Sie saßen auf der Terrasse und schauten hinunter zum See.

«War es ein Schock?», fragte Maria.

Sophia trank Tee.

«Ich meine, als ihr gemerkt habt, dass er taub ist», sagte Maria.

Sophia trank den Tee mit Kandiszucker. Das kannte Maria von der Nordsee. Wenn man die dicken braunen Brocken zuerst in die trockene Tasse wirft und dann den Tee zugießt, zerspringen die Zuckerkristalle und man hört ein ganz feines leises Knistern – vorausgesetzt man kann hören.

Sophia lächelte. Sie legte den Kopf etwas schief und sah glücklich aus, als hätte Marias Frage sie an etwas sehr Schönes erinnert, an das sie jetzt denken musste.

«Natürlich», sagte sie. «Es war ein Schock.»

Sie fischte einen Kandisbrocken aus dem Tee, schob ihn in den Mund und zerbiss ihn.

«Das ist Gift für die Zähne», sagte Maria.

Sophia nickte.

«Aber süß ...»

Sie biss und lutschte.

«Wie schnell habt ihr's gemerkt?», fragte Maria. «Wie schnell merkt man so was? Das muss doch furchtbar sein. Da hat man so ein kleines Kind, und dann kriegt man so nach und nach raus, dass es behindert ist.»

«Ja, genau!» Sophia nickte. «So nach und nach kriegt man raus, wer da behindert ist und wer noch.»

«Wie meinst du das?», fragte Maria.

«Ich war genauso behindert wie Johannes, mindestens. Und das hab ich dann rausgekriegt. So nach und nach. Aber das verstehst du nicht.»

Nein, das verstand Maria nicht.

«Also», sagte Sophia, «wie soll ich dir das erklären? Also: Wer nicht hört, lernt schwer sprechen. Er ist behindert. Ich konnte sprechen. Aber nur mit der Stimme. Man spricht aber nicht nur mit der Stimme. Man spricht mit dem Körper, mit den Händen, dem Gesicht. Und das konnte ich nicht. Ich war also auch behindert.»

«Weil du eine Maske hattest?», fragte Maria. «Kein Gesicht. Eine Maske. Bis Johannes kam?»

«Genau!» Sophia nickte. «Ich erzähle dir meine Geschichte. Die von dem Gesicht hinter der Maske und den Händen in den Handschuhen. Willst du?»

«Nein», sagte Maria, «ich will Johannes' Geschichte hören. Ich muss herausfinden, wie er Musik erleben kann.»

«Er braucht keine Musik», bestimmte Sophia.

«Aber ich muss ihm doch einen Weg zeigen, einen Weg in meine Welt.»

«Warum?», fragte Sophia. «Warum gehst du nicht in seine Welt?»

Maria war verblüfft. Und bevor sie etwas erwidern konnte, fing Sophia an zu erzählen.

Verstecke

Sophia und ihre Brüder hatten eine hungrige Kindheit. Bevor die drei Kinder zum Tisch gehen durften, mussten sie zwei Gläser Wasser trinken, jeder. Dann hatten sie den Magen voll Wasser und konnten nicht so gierig futtern. Ihre Mutter fand gierige Kinder unfein.

Die Kinder mussten essen, wie das Porzellan bemalt war: die Farben zart, die Formen zierlich. Sie mussten auf den Stühlen sitzen, wie die Lehnen gedrechselt waren, auf keinen Fall durften sie mit ihrer Gestalt oder ihrem Benehmen das Mobiliar verderben. Schmal und fein mussten sie leise und dekorativ über die Perserteppiche gleiten. Grobes war nicht gestattet.

Als grob galt wüstes Herumfuchteln mit den Armen und Grimassenschneiden beim Sprechen. Man machte immer dasselbe Gesicht, egal, wie glücklich oder traurig man war.

Aber eines Tages knallte Johannes das Wasserglas auf den Tisch –

«Nicht unser Johannes», erklärte Sophia. «Mein ältester Bruder hieß auch Johannes. Alle ältesten Söhne meiner Familie heißen Johannes. Er war damals so vierzehn, ich zwölf.»

– also da knallte er das Wasserglas auf den Tisch (und das war grob) und sagte, dass er vor dem Essen kein Wasser mehr trinken würde. Er verlangte zwei Brötchen oder eine Tüte Pommes, sonst würde er eben fressen bei Tisch.

Die Kinder hatten nicht damit gerechnet, aber ihre Mutter sah das ein. Sie bekamen von da an eine Vor-Vorspeise in der Küche – und da langten sie zu. Wer schneller aß, bekam mehr mit. Johannes war der schnellste, aber Sophia war auch nicht schlecht dabei. Sie stopfte sich voll.

Allmählich wurde sie fett. Nicht satt.

Es blieb eine Leere in ihrem Bauch. Sie stopfte noch mehr in sich hinein. Sie konnte gar nicht mehr damit aufhören. Aber sie wurde nur fetter: nicht satt.

Als sie dreizehn war, passte sie nicht mehr zu den schmalen Stühlen im Salon. Sie war ein Stilbruch. Kleider wurden ausgesucht unter dem Gesichtspunkt, dass sie darin verschwand: viel supergekämmte Baumwolle, wenig Sophia.

In jenem Winter entdeckte sie die Wohltat der Handschuhe. Wolle war ihr lieber als Leder, denn die wollenen waren Fäustlinge, darin wohnten ihre Finger und waren daheim, alle miteinander, denn meist zog sie den Daumen aus seinem Einzelzimmer. Und wenn sie Leute traf, denen man die Hand geben musste, dann riss sie so ungeschickt an den Handschuhen, bis die sagten: «Lass nur. Ist schon gut.» Und Sophia behielt ihre Hände für sich und musste niemanden anfassen.

Sophia verschwand. In den Kleidern. In den Handschuhen. Und endlich erkannte sie, wie nützlich es sein konnte, wenn man gelernt hatte, immer dasselbe Gesicht zu machen: sie benutzte diese Maske als Versteck. Als sie aber damit in den Spiegel schaute, erschrak sie. Sie sah aus wie ihre Mutter.

Aus ihrem Versteck heraus konnte sie andere viel besser beobachten. Sogar ihre Mutter. Sie entdeckte Risse in der Maske ihrer Mutter, und manchmal war es einen Augenblick lang so, als würden von beiden die Masken fallen. Aber das war immer nur ein Augenblick, und der verging, und nichts geschah, und sie liefen aneinander vorbei.

Sophia schaute in den Garten. Ihr Gesicht war starr. Eine Maske.

Da knallte die Haustür zu. Ein Sprung lief durch das erstarrte Gesicht, durch den Mund, und die Lippen brachen aus dem Maskenlächeln aus.

«Johannes», sagte Sophia, «er ist heimgekommen.»

Johannes knallte die Haustür fast immer zu. Er polterte die Treppe hinauf und rief: «Ballast! Palast! Ballast! Palast!»

«Sie haben ‹b›- und ‹p›-Laute geübt», sagte Sophia.

«Das macht er ja super!», lobte Maria.

Und Johannes auf der Treppe rief: «Wo bist du? Wo seid ihr?»

Da sie nicht antworten konnten: Hier!, ließen sie ihn suchen.

Er suchte laut rufend: «Paderborn! Paderborn!»

«Ich weiß nicht, wie er das macht», sagte Maria leise, «aber man muss ihn einfach lieb haben.»

«Das brauchst du nicht zu flüstern», sagte Sophia, «du kannst es schreien.»

Maria breitete die Arme aus und schrie: «Man muss ihn einfach lieb haben!!!»

Da stand Johannes in der Tür, hatte nichts gehört, aber wozu sollte er hören, was er schon immer gewusst hatte.

Tanzen und Springen

Das war es, was Johannes wusste und immer gewusst hatte: Ich werde geliebt.

Maria wusste etwas anderes: Sie wurde bewundert.

So war es immer gewesen. Sie erinnerte sich an keine Zeit ihres Lebens, in der sie nicht gewusst hatte: Ich werde bewundert. Man bewunderte ihre Stimme, ihr Klavierspiel, ihre Harfe.

Und sie dachte: Was muss das für ein Gefühl sein, wenn man nicht weiß: ‹ich werde bewundert›, sondern: ‹ich werde geliebt›?

Es war fast eine Woche später, am Mittwoch vor den Sommerferien, der letzte gemeinsame Mittwoch, den sie hatten. Dann würden die Beers nach Spanien fahren, Johannes aber bleiben. Er hatte irgendwann angefangen, die Tage bis zu den Sommerferien anders zu zählen. Statt: ‹so viele noch›, dachte er: ‹so wenige nur›. Und dann hatte er gefragt: «Kann ich nicht hierbleiben?» Damit machte er nicht nur Maria glücklich, sondern auch Bailando, der also nicht zu Stefans Eltern gebracht werden musste.

Käfers luden Johannes ein, drei Wochen in ihrem Haus zu wohnen – mit dem Hund – und dann Marias Mutter auf einer Konzertreise zu begleiten – ohne den Hund. Ungefähr zur gleichen Zeit flog Marias Vater nach Japan. Nach drei Wochen aber wollten Sophia und Thomas ja zurückkommen.

Maria stand auf dem Balkon vor ihrem Zimmer im Obergeschoss. Sie hatte dieses Ziehen im Bauch. Es tat nicht weh.

Vier Tage nicht schwimmen, dachte sie. Und: Sag ich es

ihm? Oder trotzdem schwimmen? Mit dem Tampon kein Problem. Im See.

Ich sage es ihm, dachte sie.

Sie hatte ihre Pizza in der Mikrowelle heiß gemacht und ein wenig davon gegessen, auch die Beers müssten fertig sein mit Mittagessen, gleich würde er kommen, da fiel es ihr ein:

Er bewundert mich nicht!

Warum sollte er?

Sie fühlte sich wie eine Königstochter, die in Lumpen durch ihre Hauptstadt geht und einen sucht, der sie ohne Krone liebt. Sie hatte ihn gefunden. Jenseits der Lebensbaumhecke sprang Johannes die Terrasse hinunter.

Heute, dachte sie, heute komme ich weiter.

Maria verfolgte ihren Plan. Die Gespräche mit Sophia hatten ihr nicht geholfen. Johannes hatte nie etwas gehört. Sie würde keine versunkene Melodie aus seiner Erinnerung ziehen können. Dann musste es also anders gehen.

Sie hörte ihn über die Terrasse ins Haus kommen und lief ihm entgegen. Nicht aufgeben, dachte sie. Man kann Musik auch sehen. Ich werde das für ihn sichtbar machen.

Sie hatte etwas vor.

Aber sie war eben keine Lumpenprinzessin. Sie war nicht eingewickelt in alte Lumpen, sie trug eine halblange altrosa Leinenhose und – was sollte man auch anderes anziehen bei der Hitze – ein schwarzes Baumwolltop, das hörte über dem Bauchnabel auf. Ihr zweiter Versuch musste genauso scheitern wie der erste, sie hatte keine Chance.

Johannes wollte zum Schwimmen gehen.

«Heute nicht», sagte Maria. «Heute zeige ich dir etwas.»

Er machte sein Fragezeichen mit Händen und Augen.

«Musik», sagte sie, «ich zeige dir Musik. Doch, das kann man sehen.»

Er folgte ihr ins Musikzimmer im Dachgeschoss, das inzwischen fertig geworden war. Dort standen jetzt ein Klavier und ihre Harfe, dort machte ihre Mutter die täglichen Stimmübungen – wenn sie zu Hause war –, ihr Vater trainierte seine Finger auf der Tastatur des Klaviers – wenn er zu Hause war. Es war ein großer Raum, schallisoliert und mit guter Akustik.

Maria schob Johannes in einen Sessel und legte eine CD auf. Er schaute zu. An diesen kleinen, glänzenden Scheiben gab es für ihn nicht viel zu sehen und nichts zu hören.

Aber Maria hatte etwas anderes vor.

Natürlich konnte sie tanzen. Nicht so gut wie singen und Harfe spielen, aber sie hatte auch das gelernt: klassisches Ballett, Ausdruckstanz, Pantomime.

Johannes schaute.

Maria hörte.

Ballettmusik hatte sie aufgelegt, ein Stück, das sie schon einige Male auf der Bühne gesehen hatte. Da gab es ein Liebespaar und kämpfende Rivalen und herrische Eltern und immer wieder das Liebespaar, zwei, die sich umwarben, umtanzten, umarmten, und gestorben sind sie am Ende auch.

Das also war es, was Maria tanzte.

Und Johannes sah: Sie ging mit festen Schritten durch den Raum.

Das hielt er ohne Weiteres aus.

Sie stieß die Arme fechtend in die Luft.

Auch das war für ihn kein Problem.

Aber –

Sie tanzte um eine Leere, da fehlte etwas, da hätte noch einer sein sollen, der genau in ihre Arme passte, wer? Das war ein Sog, ein Strudel –

Johannes hielt sich an den Armlehnen fest.

Und dabei floss etwas durch ihren Körper und bewegte

sie, in Wellen floss es hin und her, von den Schultern lief es durch die Arme bis in die Fingerspitzen, vom Hals durch den Rücken in die Beine, das altrosa Leinen hörte kurz unter dem Knie auf, darunter sah er ihre braunen Beine und die Füße ohne Sandalen. Was aber unter der schwarzen Baumwolle des Tops in Wellen hin und her lief, konnte er leicht hochrechnen, ohne sich mit einer mathematischen Gleichung herumplagen zu müssen wie damals bei Mercedes. Zwischen Hemd und Hose dann auch noch ein Streifen Bauch, viel heller als das Schwarz, etwas dunkler als das Rosa. Die hölzernen Armlehnen taten weh in den Innenflächen seiner Hände, er wollte etwas Weicheres darin halten, und er wusste auch, was – aber er zog die Beine an, schloss die Arme darum, schnürte sich zusammen wie ein Paket. Maria drehte sich immer noch um nichts, spitz stachen die Dreiecke ihrer Schulterblätter aus den Wellen, der Wirbel am Hals, ein Schlüsselbein, die Ellenbogen. Sie sank auf den Boden, denn sterben musste sie schließlich auch.

Sie starb zu früh. Die Musik war noch nicht zu Ende.

Maria hob den Kopf, noch benommen vom Orchester, Johannes saß zusammengeschnürt im Sessel, starrte sie an, war roter im Gesicht und kurzatmiger, als er hätte sein sollen, denn er hatte sich gar nicht bewegt.

«Das war *Romeo und Julia*», krächzte sie.

Sie stand auf. Seine Augen folgten ihr nicht, sein Blick blieb da, wo zuvor ihr Gesicht und jetzt die Lücke zwischen Schwarz und Altrosa war, und Maria begriff, dass sie wohl keine Musik sichtbar gemacht hatte. Das war also wieder schiefgegangen, genauso fantastisch daneben wie ihr erster Versuch.

So blieben sie reglos, bis die Musik zu Ende und Romeo und Julia wirklich gestorben waren.

Da sagte Johannes: «Wir gehen doch zum Schwimmen.»

Sie stürzten die Treppe hinunter, fielen in die Hitze und rannten hinab zum See.

Erst da sagte Maria: «Ich kann nicht. Ich habe meine Tage.»

Johannes verstand nicht. Er hatte sie nicht angeschaut, er kramte in seinem Schwimmbeutel und suchte die Dauerkarte.

Sie wartete, bis er sie anschaute, und wiederholte: «Ich kann nicht. Ich habe meine Tage.»

Das brachte Johannes völlig durcheinander. Hatte sie das nun gesagt? Oder hatte sie es nur gedacht, und ihre Lippen hatten es lautlos gesprochen? Durfte er nun zeigen, dass er es wusste?

Sie standen eine Weile vor der Kasse, Kindern und Eltern im Weg, wurden angerempelt und geschubst, stolperten aufeinander zu und berührten sich nicht, bis Johannes sagte: «Komm. Du schaust nur. Ich zeige dir was. Jetzt ich.»

Er hatte vor einer Woche schon einmal vorgeschlagen, zum Sprungturm zu schwimmen, aber Maria hatte nicht gewollt. Schon auf dem Dreimeterbrett hatte sie Angst vor dem Sprung in die Tiefe. Und das waren jetzt mehr als 3 Meter, der Wasserstand war niedrig. Es war so lang schon heiß und hatte so lange nicht mehr geregnet.

Johannes hatte springen gelernt wie Maria tanzen. Er könnte einen Salto springen, aber was ist schon ein Salto? Anlaufen, Schlusssprung, hochschnellen und sofort zusammenrollen, durch die Luft wirbeln, zugeschnürt, wie er vor ihr gesessen hatte, als sie tanzte.

Er ging in die Umkleidekabine.

Das Bad war voll. Trotzdem hatte Maria einen halbwegs akzeptablen Platz gefunden. Sie konnte zum Sprungturm, aber auch zu den Umkleidekabinen schauen.

Sie dachte: Blau – bunt; blau – bunt –

Eine andere Badehose hatte sie an Johannes noch nicht gesehen: – blau – bunt; blau – bunt –

Als Johannes aus der Kabine kam, dachte sie gerade: bunt, und das stimmte.

Er winkte ihr zu und ging zum Wasser. Sie schaute ihm nach und spielte Verlieren und Wiederfinden. Sie schloss die Augen, drehte den Kopf hin und her, bis sie nicht mehr wusste, wo er war, dann öffnete sie die Augen, ließ sie durch das Bad wandern. Braun gebrannt waren fast alle in diesem Jahr, bunte Badehosen gab es jede Menge, trotzdem, ihr Blick blieb immer sofort an Johannes hängen wie eingerastet.

Er tauchte ins Wasser, und sie sah ihn nicht mehr. Sie zog die Beine an, legte die Arme darum, den Kopf auf die Knie und machte die Augen zu. Sie summte eine kleine Melodie, die sie gerade übte. Das Ziehen im Bauch war kein Schmerz. Es konnte auch manchmal ein Schmerz sein, aber gerade jetzt war es keiner. Es war ein Finger, der in ihr zupfte. Wie an einer Harfensaite, ganz leise, piano, es strich innen durch ihren Bauch wie ein Bogen über ein Cello, langsam, ein dunkler Ton. Sie sang ihn nach. Er passte in ihre Melodie.

Johannes stieg aus dem Wasser, die Leiter hinauf.

Da vergaß Maria ihre Melodie.

So etwas war ihr noch nie passiert. Sie suchte in ihrem Kopf. Da war nichts. Der Kopf war leer. Aber im Bauch blieb das Ziehen, ein leiser dunkler Ton.

Johannes trat auf das Sprungbrett. Er gab ein Zeichen, dass er springen wollte, und nahm Anlauf. Er sprang doch den Salto.

Das wirbelte Maria ziemlich umeinander.

Wie gut, dachte sie, dass er die bunte Badehose anhat, nicht die blaue. Denn die war so blau, wie der Himmel blau ist, und er flog durch die Luft und hatte jetzt nur noch den Himmel hinter sich, und der Teil, um den sich plötzlich alles drehte, wäre vollkommen unsichtbar geworden, nur noch ein Stück Himmel gewesen.

Da fiel ihr die Melodie wieder ein. Doch es war eine andere. Dur – bunt-Dur. Sie wollte singen, aber es war nicht mehr eine einzelne Melodie. Es waren viele auf einmal. So viele auf einmal konnte man nicht singen. Auch nicht hören. Es war Freude in Dur.

Oh, dachte sie, Musik ist etwas, das man gar nicht unbedingt hören muss. Johannes stieg aus dem See. Er schüttelte sich das Wasser aus den Haaren.

Ein bunter Salto drehte sich in ihrem Bauch.

Die Lösung

Am nächsten Tag – Donnerstag – ließ Maria sich von den Übungsstunden freistellen, um mit ihrem Vater zur Universitätsbibliothek zu fahren. Sie sagte etwas von: ‹Musiktheorie›, und sie brauche Bücher über: ‹Verarbeitung von Musik im Gehör und Weiterleitung zum Hirn› oder so.

Ihr Vater sagte: «Interessant. Welche Intervalle als dissonant empfunden werden, ist ja wirklich eine Frage der Gewohnheit.»

Er hatte ihr nicht zugehört. So hatte Maria das nicht gemeint, aber sie nickte. Wenn er sie nur mitnahm!

Er hört mir nie zu, dachte Maria, er ist mindestens so taub wie Johannes – nein, wenn ich singe, hört er mir zu.

Auch ihre Mutter stellte keine Fragen außer der, warum sie denn immer in denselben Kleidern herumlaufe.

Tatsächlich hatte Maria die altrosa Leinenhose und das schwarze Top wieder angezogen, und das war ungewöhnlich. Sie hatte es nicht weglegen können. Johannes' Augen, seine Blicke hingen noch in den Stoffen, das spürte sie bis auf die Haut. Am liebsten hätte sie das Hemd und die Hose gewendet und verkehrt herum angezogen. Auf dem Weg zur Stadt lag sie im Auto, sie hatte den Sitz weit zurückgeschoben, die Lehne stark gekippt – und sie genoss ihr Scheitern von gestern.

Noch immer war es heiß. Und da Schwarz die Hitze verschluckt und nicht zurückstrahlt, musste sich niemand wundern, dass ihre Brust und ihr Rücken glühten. Das erklärte natürlich nicht die unangemessen starke Erwärmung ihres Bauches und jener Teile ihres Körpers, die unter kühlem rosa Leinen vor der Sonne gut geschützt waren. Aber Harald

Käfer merkte nicht, dass er einen Brennstab im Auto hatte, er sagte nur: «Das gibt noch ein Gewitter heute.»

Und damit hatte er sogar recht.

In der Bibliothek musste Maria dann das wohlige Herumhängen in Hemd und Hose aufgeben und sich sehr zusammennehmen. Sie hatte ungefähr zwei Stunden Zeit, um Bücher zu finden, die ihr weiterhelfen sollten. Das Problem war, dass sie gar nicht wusste, was sie suchte. Es musste doch in diesem komplizierten Gefüge von Ohren und Gehörgängen irgendwo eine undichte Stelle geben, durch die auch bei taub Geborenen etwas eindringen konnte, das sie erleben lässt, was Musik ist.

Die Bibliothekarin versorgte sie reichlich mit Literatur über das Gehör. Und mehr als eineinhalb Stunden irrte Maria hilflos durch die Windungen der Ohrmuschel, stolperte durch den Gehörgang, schlug auf das Trommelfell, lauschte dem Nachhall in der Paukenhöhle, schaute ins Innenohr. Da wurde alles noch schlimmer. Sie verlief sich in den Bogengängen des Gleichgewichtslabyrinths.

So ging das nicht. Sie brauchte Hilfe.

Die Bibliothekarin war geduldig.

«Also dieser Mensch ist taub?»

«Ja.»

«Taub geboren?»

«Ja, da ist etwas passiert bei der Geburt.»

«Aaah so ... ja dann ... komm.»

Und sie führte Maria ein paar Regale weiter in eine andere medizinische Abteilung.

Da saß sie dann mit dem richtigen Buch und las die richtige Seite und dachte: Jetzt hängt alles von Sophia ab.

Sie schaute auf das Regal, in dem das Buch fehlte, da war ein Spalt zwischen den Buchrücken, sie hatte das Loch in die

Mauer geschlagen, durch das Musik zu Johannes dringen konnte.

Maria ließ die Seite kopieren.

«Hast du etwas gefunden?», fragte ihr Vater auf dem Rückweg.

«Ich glaube ja», sagte sie.

«Du kannst ja mal eine Facharbeit schreiben», schlug Harald Käfer vor, «über die unterschiedlichen Hörgewohnheiten anderer Kulturen.»

«Vielleicht», sagte sie.

Dritter Donnerstag mit Sophia

Mittags kam dann das Gewitter. Endlich Regen.

Maria wollte zu Fuß nach Hause gehen, weil niemand sie von der Schule heimfahren konnte, aber das Gewitter musste sie abwarten. Sie zog eine Jacke an, luftdurchlässig, wasserdicht. Sie faltete die kopierte Seite zweimal zusammen, schob sie in die Innentasche und ging sofort zu Sophia.

«Ich hab's!», rief sie. «Ich habe die Lösung!»

Sophia schaute sie zweifelnd an.

Thomas saß auf der Terrasse und langweilte sich.

«Ist dein Boot okay?», fragte Maria.

Sie wollte ihn loswerden.

«Muss gestrichen werden», brummte Thomas.

«Dann streich es doch.»

«Andreas hilft mir nicht.»

«Dann freu dich wenigstens, dass du schon Ferien hast.»

Sophia hatte begriffen.

«Fahr mal runter ins Dorf», sagte sie, «und such dir eine Farbe aus. Wir holen die dann ab.»

Das half. Thomas ging. Er zeigte sogar so etwas wie Freude.

«Also», sagte Sophia, «die Lösung.»

«Es gibt nur eine kleine Bedingung», sagte Maria, «das hängt von dir ab, dann schaff ich das.»

Sophia schaute immer noch zweifelnd.

«Hier», Maria legte die Hände auf die Jacke, über den Zettel, über die Innentasche, «hier ist die Lösung.»

Da geschah etwas.

Sophia starrte sie an, mit offenem Mund, vollkommen verblüfft.

«Was hast du?», fragte Maria und ließ die Hände sinken.

«Die Lösung», sagte Sophia, «du hast sie gefunden. Das ist die Lösung. Immer.»

Die Innentasche von Marias Regenjacke lag nämlich genau über dem Herzen. Darauf hatte Maria die linke Hand gelegt, auf die Tasche, auf den Zettel, auf das Herz, und die rechte im flachen Winkel schräg darüber.

Sophia machte die Bewegung nach, ohne die Tasche, ohne den Zettel, mit dem Herzen.

«Das ist die Lösung», sagte sie, «in Johannes' Sprache. Merk sie dir.»

«Was ist Johannes' Sprache?», fragte Maria. «Die Gesten, die ihr immer beim Sprechen macht? – aber das ist doch keine Sprache, keine andere, meine ich.»

«Das soll er dir selber erklären», sagte Sophia. «Und nun sag mir deine Bedingung. Obwohl es eigentlich keine geben darf. Wenn man die Lösung einmal gefunden hat, gibt es keine Bedingungen mehr.»

Maria öffnete den Reißverschluss und zog den Zettel aus der Tasche.

«Johannes war nicht immer taub», sagte sie. «Vor der Geburt konnte er hören. Schau her. Das Gehör entwickelt sich im siebten Monat der Schwangerschaft. Ungeborene Kinder können hören. Das ist bewiesen. Sie reagieren auch auf Musik. Ungefähr drei Monate lang konnte Johannes hören. Du wirst doch irgendetwas mit Musik gemacht haben.»

«Na ja ...», sagte Sophia.

«Vielleicht Kinderlieder?», schlug Maria vor. «Oder Schlaflieder? Mütter müssen doch Kinderlieder können und Schlaflieder. Die musst du doch geübt haben.»

Sophia schien nicht begeistert.

«Ich singe eigentlich nicht», murmelte sie.

«Was heißt ‹eigentlich›? Eigentlich nicht, aber doch? Nun sag schon. Du brauchst es auch nicht wieder zu singen. Ich mach das. Ich kenne es bestimmt. Ich singe es, und er wird sich erinnern. Nur sag bitte nicht, dass du ganze Tage lang ‹Hänschen klein› für ihn gesungen hast, ich meine, weil du ihn doch Johannes nennen wolltest.»

Da sagte Sophia: «Ich wollte ihn nicht Johannes nennen, ganz und gar nicht.»

Das hatte Maria nicht gewusst.

«Er hieß auch nicht Johannes. Zuerst.»

Das konnte sich Maria überhaupt nicht vorstellen.

«Wie?», fragte sie. «Wieso? Warum? Wie ... wie hieß er?»

Oliver

Das Einzige, was Stefans und Sophias Eltern gemeinsam hatten, war, dass sie ihren Kindern Namen gegeben hatten, die mit ‹s› anfingen. Mitten drin im Namen aber hörte die Gemeinsamkeit schon auf. Ganz selbstverständlich schrieben Sophias Eltern den ‹f›-Laut mit ‹ph›, denn der Name kommt aus dem Griechischen. Stefan aber hieß Stefan mit ‹f›, obwohl sein Name ebenso griechisch war und genauso gut ein Recht auf das ‹ph› gehabt hätte, doch davon wussten seine Eltern nichts. Ebenso fremd wie das griechische ‹f› war ihnen das griechische ‹i›. Worte mit ‹y› waren in Stefans Elternhaus selten. Sie sprachen nicht von Asylanten, sondern von Flüchtlingen, Stefans Mutter las ihren Kindern keine Mythen vor, sondern Märchen, und sie würzte die Suppe mit Petersil, nicht mit Thymian. Stefan ging also nicht aufs Gymnasium, sondern machte eine Zimmermannslehre und entschied erst danach, dass ihn die Berechnung des Dachstuhls mehr interessierte als die Aufrichtung des Gebälks. Das bedeutete: Abitur nachmachen – und dann endlich die Zulassung zum Mathematikstudium.

Stefan war also, was Sophias Eltern einen ‹Emporkömmling› nannten, und das Schlimmste war: als Sophia ihren Eltern diesen Emporkömmling vorstellte, war er noch gar nicht emporgekommen, sondern mit 27 Jahren Mathematikstudent im 4. Semester. Und es war ihm schon einmal eine Frau davongelaufen. Und ein Kind hatte er auch.

Er stand in Sophias Elternhaus noch unpassender herum als Sophia selber vor zehn Jahren, als sie mit ihren Brüdern die Vor-Vorspeisen in der Küche in sich hineingeschlungen hatte und so fett geworden war. Bei dem einzigen Essen, zu dem er eingeladen wurde, goss er Weißwein in das Rotweinglas und aß den Fisch mit dem Fleischmesser. Es kam zu einer Auseinandersetzung zwischen Sophia und ihren Eltern. Danach zog sie aus, brach alle Beziehungen ab, nahm auch kein Geld mehr an. – Sie hatte also keinen Grund, den ältesten Sohn Johannes zu nennen.

Zwei Tage nach der Geburt hatte Sophia sich ein wenig erholt und konnte den gierig saugenden Oliver stillen. Die Ärzte hatten zuerst mit Stefan gesprochen, und er sagte es ihr:

«Es könnte sein, dass er – nicht ganz normal ist.»

Oliver schmatzte.

«Was heißt, nicht ganz normal?», fragte Sophia.

«Es könnte ein Schaden entstanden sein. Weil das Gehirn so lange unterversorgt war. Eine Behinderung.»

Oliver schmatzte.

«Dass er so kräftig trinkt, ist ein gutes Zeichen. Meist haben diese Kinder eine Trinkschwäche. Vielleicht ist ja auch alles in Ordnung.»

Oliver rülpste, spuckte Milch aus.

«Das wird man dann sehen», sagte Sophia, «das sehen wir dann schon.»

Oliver spuckte noch etwas Milch und schlief ein.

Am nächsten Tag kam der Frauenarzt außerhalb der Visite und setzte sich neben Sophias Bett.

«Sie wissen es?», fragte er. «Ihr Mann hat es Ihnen erzählt?»

Sophia nickte. Sie hatte Oliver im Arm. Er schlief.

«Ihre Schwiegereltern sind hier gewesen», sagte der Arzt, «aber Ihre Eltern nicht, oder?»

Sophia schüttelte den Kopf.

«Weil sie weiter weg wohnen? Sie kommen später?»

«Die kommen nicht.»

«Ich habe Ihren Mutterpass», sagte er, «und ich habe gesehen, dass Sie mal einen etwas auffälligen Namen hatten.»

Sophia zuckte die Achseln.

«Ihre Eltern sind wohlhabend?»

Sophia zuckte die Achseln.

«Es könnte sein, dass Sie Geld brauchen. Als Säuglinge machen sie alle so zuckende Bewegungen. Ob er wirklich ein Spastiker ist, kann man jetzt noch nicht feststellen. Der Staat gibt Mittel für solche Fälle, aber wenn man selber Geld hat, viel Geld hat, kann man den Kindern besser helfen. Das ist so. Leider.»

«Sie meinen, ich soll meine Eltern anrufen?»

«Ich würde das für richtig halten.»

«Die kommen nicht. Jetzt erst recht nicht. Ein behindertes Kind passt nicht in ihren Salon.»

«Versuchen Sie es. Tun Sie's für Ihr Kind.»

«Wir müssten ihn dann auch Johannes nennen. Familientradition.»

«Tun Sie's. Vielleicht ist er gesund. Aber nennen sie ihn vorsichtshalber Johannes.»

«Und dann kam meine Mutter», sagte Sophia. «Ich hätte es von ihr noch weniger erwartet als vom Vater, aber sie war sofort da. Ein paar Tage später mein Vater auch. Seitdem reden wir wieder miteinander.»

«Toll», sagte Maria. «Das war sozusagen Johannes' erste Tat.»

«Oder Olivers letzte. Olivers erste und letzte, Olivers einzige Tat. Von da an heißt er Johannes.»

«Und Oliver konnte hören», sagte Maria. «Drei Monate lang konnte Oliver hören. Sag mir nicht, du hättest in der Schwangerschaft nie Musik gehört.»

«Doch ...»

«Also was?»

«Wie willst du ihn daran erinnern? Selbst wenn mir die Melodie wieder einfiele, du kannst sie ihm doch nicht vorsingen.»

«Nein», sagte Maria, «aber der Vorteil ist, dass ihr alle so entsetzlich unmusikalisch seid, also ist Johannes das wahrscheinlich auch, ich meine, grundsätzlich, nicht nur, weil er taub ist. Ja – und unmusikalische Leute können sich ganz schlecht Melodien merken.»

«Stimmt!»

«Aber was sie behalten, ist der Text. Und wenn sie den Text hören oder lesen, fällt ihnen oft die Melodie wieder ein.»

«Johannes hat den Text nie gehört und die Melodie auch nicht.»

«Aber Oliver.»

«Der war noch nicht einmal geboren. Außerdem gibt es keinen Text. Es war ein Musikstück, so ein langsames, das hab ich immer wieder gehört ...»

«Super! Das brauch ich.»

«Aber es hatte keinen Text ...»

«Ich finde etwas. Ich werde es beschreiben oder malen oder tanzen – er wird sich erinnern.»

Sophia schüttelte den Kopf.

«War es eine CD?», fragte Maria.

«Nein. Schallplatte. Wir hatten noch keinen CD-Player. Und ich hab die Platte nicht mehr. Wir hatten nie viel Musik, und als wir wussten, dass Johannes taub ist, gar nichts mehr.»

Maria schwieg. Das war aussichtslos.

«Komm», sagte Sophia, «du hast doch die Lösung schon gefunden.»

Sie nahm Marias Hände und legte sie ihr wieder auf die Brust, die rechte über die linke.

«Johannes kann singen», sagte sie. «Mit den Händen, den Händen.»

Maria fühlte sich seltsam unbehaglich. Da war etwas Fremdes.

«Wie spät ist es?», fragte Sophia.

Maria drehte das linke Handgelenk, ohne die Hände von der Brust zu nehmen, und schaute auf ihre Uhr.

«Gleich fünf.»

«Dann kommt er bald. Schade. Ich hätte dir gern noch weiter erzählt. Schade. Ich hätte dir noch die Geschichte von den

Händen erzählt. Das war Johannes' erste Tat. Sagen wir mal, das mit meinen Eltern war Oliver, aber das mit den Händen war Johannes, ganz und gar Johannes.»

«Fang einfach an», sagte Maria, «also: ‹Hände›.»

«Das lohnt sich nicht.»

«Vorletzter Schultag», beharrte Maria. Die müssen sicher noch was aufräumen. Morgen werden die Internatsschüler abgeholt. Oder? So war das bei uns. Da müssen die noch aufräumen. Er kommt heute später.»

«Na gut», sagte Sophia.

Hände

Sophia und Andreas hatte eines gemeinsam: Sie hatten keine Hände.

«So ein Quatsch!», sagte Maria.

«Wenn du mich unterbrichst, komme ich nicht weit. Ich meine, unsere Hände waren Werkzeuge ...»

Sie lernten Schuhe zubinden, Seiten umblättern, Türklinken herunterdrücken, Pfannkuchen wenden, Bauklötze stapeln und so etwas. Aber sobald sie ihre Aufgaben erledigt hatten, wurden sie weggepackt, Andreas' Hände rutschten unter seine Oberschenkel und Sophias verschwanden in den Taschen. Kleider ohne Taschen trug sie nicht. Ohne Taschen hatte sie das Gefühl, nackt zu sein.

«So ein Quatsch!», sagte Maria. «Du willst doch nicht im Ernst behaupten, dass du die Hände in den Taschen hast, wenn du Stefan küsst.»

Sophia lächelte.

«Na ja», sagte sie, «na ja, wenn ich überhaupt keine Taschen habe und wenn jemand ganz dicht bei mir war, konnte ich mit den Händen etwas machen, das nicht nur einfach nützlich war, das ging schon immer. Und wenn Andreas in den Hosentaschen kramte und dann ein zerknülltes Blatt Papier herauszog, dann sah ich sofort an seinen Händen, ob es ein Brief von seiner Mutter war. Wie er die anfasste, die Briefe von seiner Mutter – ich hab dir erzählt, er hatte immer ... »

Da fiel ein plötzlicher Lärm über sie her. Maria zuckte zusammen, Sophia nicht.

«Andreas», schrie sie, «das ist Andreas, das ist seine halbe Stunde Lärm!»

Sie suchte unter Blättern, Zeitschriften, Büchern auf dem Tisch.

«Warte», schrie sie, «ich hab was!»

Andreas war der Einzige im Hause Beer, der Musik hörte. Er hatte ausgehandelt, dass er jeden Tag eine halbe Stunde lang seine Stereoanlage auf volle Lautstärke stellen durfte.

Sophia hatte gefunden, was sie suchte. Sie öffnete ein kleines Plastikschächtelchen, ungefähr 3 cm lang und 1 cm breit. Die Schachtel war dunkelbraun, der Deckel gelb. Darin lagen, in rosa Watte gewickelt, zwei rosa Wachskugeln. Sie zupfte die Watte ab, formte das Wachs und steckte es sich in die Ohren.

«Ohropax», schrie sie. «Ich hab noch welche für dich, aber oben. Oder du rennst ganz schnell nach Hause. Nichts für deine Ohren.»

Aber Maria schüttelte den Kopf. Sie ging ins Haus, noch tiefer hinein in Schlagzeug und E-Gitarren von Andreas' aktueller Lieblingsband. Solche Musik gab es in ihrem Elternhaus nicht. So etwas wurde nicht Musik genannt. Sie hatte selber ein paar CDs mit gemäßigter Popmusik, kein Heavy Metal, und so laut gedreht hatte sie das noch nie. Sie ging durch das Wohnzimmer. Hier gab es nicht Bühne und Zuschauerraum, hier war alles so voller Musik wie ein Aquarium. Sie schwamm in den Rhythmen wie ein Fisch im Wasser.

Auf der Treppe saß Johannes. Er hatte eine Hand auf die Stufen gelegt und die andere ans Geländer. Er hielt die Bässe in der Hand. Das konnte keiner außer ihm.

Sommerferien! Sophia, Stefan und Thomas hatten vor, am nächsten Morgen sehr früh nach Spanien zu fahren. Andreas fuhr mit ein paar Freunden weg, Johannes und Bailando blieben da.

Am späten Nachmittag packten die Beers das Auto für die Spanienreise. Stefan hatte die Maße aller wichtigen Gegenstände in den Computer eingegeben, den absolut besten Plan für die räumliche Ausnutzung des Autos berechnet und eine grafische Darstellung davon gedruckt. Thomas hatte dabei geholfen. Entstanden waren mehrere Blätter mit dreidimensionalen Grafiken, die außer Stefan und Thomas niemand verstand. Die beiden aber waren begeistert. Maria und Johannes halfen, die Blätter mit Tesafilm auf die Scheiben des Chryslers zu kleben. Dann trugen sie alle miteinander die gesamte Spanienausrüstung aus dem Haus und erhielten von Stefan und Thomas genaue Anweisungen, was sie wo und wie und in welcher Reihenfolge auf dem Gehweg zu stapeln hatten. So würde alles sehr schnell gehen. Etwas abseits entstand ein anderes Lager: Sophia schleppte herbei, was nicht auf Stefans Liste stand. Maria entschied sich, hier zu helfen. Das war weniger aufregend, weil es keinen Stapelplan gab. Außerdem war dies ihre letzte Chance, vor der Abreise mit Sophia zu reden, um vielleicht doch noch herauszubekommen, welche Musik sie in der Schwangerschaft gehört hatte, und sie verlangte immer wieder: «Du musst dich an irgendwas erinnern!»

Aber Sophia stellte einen Kochtopf auf das Pflaster und sagte: «Ich kann keine Melodien behalten.»

Vom Auto rief Stefan: «Die Taucherausrüstung weiter nach rechts! Meine Bücherkiste hinter den Delfin! Sophias Koffer rechts! Und in genau dieser Reihenfolge gebt ihr mir jetzt alles ins Auto.»

Maria hielt sich zurück. Sie musste das bisschen Zeit, das sie noch hatte, nutzen und sie fragte Sophia: «Du hast gesagt, es war der langsame Satz?»

«Der was?»

«Das Musikstück!»

«Langsam, ja, es gefiel mir halt.»

«Ein Andante?»

«Ich weiß nicht.»

Andreas und Thomas räumten nach Stefans Anweisungen das Auto ein. Es sah aus wie ein dreidimensionales Puzzlespiel, alles passte perfekt ineinander, und nur Maria fragte: «Warum nehmt ihr das Hundefutter mit?»

«Stefan denkt an alles.»

«Aber der Hund bleibt doch bei uns!»

«Stefan denkt trotzdem an alles.»

Maria hatte keine Zeit, sich zu wundern.

«Es gab also auch schnellere?», fragte sie.

«Als Stefan?»

«Schnellere Teile in dem Musikstück!»

«Ach so. Ja, ich glaube, ja.»

Johannes half nicht mehr mit. Stefan drehte ständig den Kopf hin und her, von seiner Grafik an den Scheiben zu den

Gepäckstücken auf dem Gehweg, da bekam er die Anweisungen nicht schnell genug mit, er hatte sich auf einen der Pfosten vom Gartentor gesetzt und grinste. Sophia schaute ihn an, er warf einen Blick zum Auto und grinste. Sophia lachte und Maria verstand: Die beiden hatten etwas entdeckt.

Und da rief Stefan auch schon: «Halt!»

Ein Rucksack ragte aus dem Kofferraum.

«Da stimmt was nicht!»

«Und war das in der Mitte?», fragte Maria. «Das Andante?»

Aber Sophia grinste nur.

«Tommi!», rief Stefan. «Ein Rechenfehler!»

«Vielleicht», versuchte Andreas zu erklären, «hattet ihr am Computer den Delfin und das Krokodil nicht ganz so doll aufgeblasen?»

«Verstehe ich nicht», murmelte Stefan. «Gib mir mal die Grafik.»

Thomas, der als Einziger wusste, welche, fummelte den Tesafilm von der Scheibe.

«Und wohin», fragte Andreas, «kommen Sophias Sachen?»

Stefan drehte sich um und starrte auf die abseits stehenden Teile.

«Das geht nicht!», sagte er. «Das stand nicht auf meiner Liste.»

Thomas gab ihm die Grafik.

«Und war das in der Mitte?», fragte Maria. «Das langsame Stück, war das in der Mitte?»

«Ich weiß nicht», Sophia zögerte, «es war ja noch mehr auf der Schallplatte. Kann sein, es war in der Mitte.»

«Ich versteh das nicht, Tommi», sagte Stefan, «der Rucksack müsste genau hier abschließen.»

«Also, mein Beitrag zum Packplan», schlug Andreas vor, «ihr lasst das Hundefutter hier.»

«O nein!» Sophia ging zum Auto. «Das Hundefutter muss mit.»

«Vielleicht Klassik!», flüsterte Maria.

«Aber Bailando bleibt doch bei Johannes», sagte Andreas.

Sophia schüttelte den Kopf.

«Das glaube ich nicht.»

«Bailando bleibt hier», sagte Stefan, «wir können ihn nicht mitnehmen.»

«Warum habt ihr ihn dann eingepackt?», fragte Sophia.

Johannes saß auf dem Pfosten und lachte.

«Wir haben was?», fragte Stefan.

Sophia räumte ein paar Teile beiseite und legte unter dem Taucherhelm ein schwarze Hundeschnauze frei.

«Du weißt doch, er ist immer als Erster im Auto», sagte sie.

«Ah», sagte Thomas, «kein Rechenfehler. Der Hund.»

Sie mussten ihn aus dem Auto ziehen. Er wehrte sich nicht, schnappte auch nicht, aber freiwillig kam er ihnen keinen Zentimeter entgegen. Johannes sprang vom Pfosten, streichelte den Hund und machte diese kleinen Knurrlaute, die nur er konnte und die er für Hundesprache hielt. Wahrscheinlich waren sie das auch. Bailando schien verstanden zu haben, an wen er sich zu halten hatte, und wich nicht mehr von Johannes' Seite. Der nahm das Hundefutter aus dem Kofferraum und trug es ins Haus. Der Rucksack passte jetzt genau in die für ihn vorgesehene Lücke.

«Und», schlug Andreas vor, «wenn wir aus dem Delfin und dem Krokodil die Luft rauslassen, passen Sophias Sachen auch noch rein, Luft gibt es nämlich in Spanien auch.»

Stefan ging hinüber zu dem letzten Stapel Gepäckstücke, und Maria hatte Sophia wieder einen Augenblick allein.

«Wenn du doch nur den Komponisten wüsstest! Kannst du dich gar nicht erinnern?»

«Doch, natürlich», sagte Sophia.

Maria wurde fast wütend. Da ließ die sie zappeln und raten, und dabei wusste sie den Komponisten.

Stefan öffnete einen kleinen Koffer aus Sophias Gepäck.

«Also weißt du!», zischte Maria. «Nun sag schon. Wer? Bitte nicht Mozart. Dann find ich das nie.»

«Lippenstifte!», rief Stefan. «Was willst du mit so viel Lippenstiften und so 'nem Zeugs?»

Sophia sagte in die eine Richtung: «Bach!» und in die andere: «Das ist für Mercedes.»

Und während Maria seufzte: «O je, das ist so viel wie Mozart», fragte Stefan: «Und der Topf?»

«Dampftopf», erklärte Sophia. «Für die Señora.»

Stefan schüttelte den Topf und öffnete ihn.

«Der ist ja leer», stellte er fest. «Das ist unrentabel. Da muss was rein.»

«Klar», nickte Andreas.

«Also», überlegte Stefan, «was passt in den Dampftopf?»

«Das Krokodil vielleicht?», schlug Andreas vor.

Sophia drückte die Luft aus dem Krokodil und blies sie Maria ins Gesicht. Die schüttelte sich und murmelte: «Bach. Ausgerechnet Bach. Das ist endlos viel.»

«Gib es auf», sagte Sophia.

Aber Maria gab nicht auf.

«Und es wurde überhaupt nicht gesungen?»

Sophia ging mit dem Krokodil zu ihrem Gepäck, Maria musste ihr nachlaufen. «Es gab überhaupt keinen Text?»

«Doch.» Sophia quetschte das Krokodil zusammen und stopfte es in den Dampftopf.

«Oh», sagte Maria, «oh!»

Und Sophia flüsterte, ohne Maria anzuschauen. «Ich hab's nicht nur gespielt, die Schallplatte, mein' ich. Ich hab's auch gesungen, wenn ich allein war mit Johannes – ich meine, mit Oliver –, aber auf der Platte war kein Text, ich habe selber einen gemacht, ein Kinderlied, das war bestimmt furchtbar, ich hab alles vergessen.»

«Du musst dich erinnern!», beharrte Maria. «Du musst! Das wäre die Lösung.»

«Nein», sagte Sophia.

Sie schaute zum Gartentor. Da war Johannes nicht. Er war mit dem Hund im Haus geblieben. Sophia legte die Hände auf die Brust, die linke aufs Herz, die rechte im flachen Winkel schräg darüber.

«Das», sagte sie, «ist die Lösung.»

Schallwellen

Es hätten richtig schöne Ferien sein können.

Johannes war das erste Mal allein unter Menschen, die ihr Sprechen nicht mit Gebärden begleiteten, trotzdem – es hätten richtig schöne Ferien sein können, aber –

Das Mittagessen kochte Chiara selber. Sie kochte gern, italienisch, es schmeckte gar nicht so viel anders als bei der Señora in Spanien. Doch Johannes, zwischen Maria und ihrer Mutter sitzend, dachte kein einziges Mal an Mercedes.

Häufig jedoch zuckten Maria und Chiara beim Essen plötzlich zusammen, Maria nur wenig, ihre Mutter heftig. Sie hob den Kopf, schloss dann sofort die Augen, ihre Schultern spannten sich, während Harald Käfer den Stuhl zurückstieß und aus dem Zimmer ging. Johannes verstand: Das Telefon läutete.

Wenn die Beers beim Mittagessen saßen, ging niemand ans Telefon. Johannes hatte gar nicht gewusst, dass dieses Gerät mittags überhaupt funktionierte. Wer mittags anrief, war selber schuld. Nicht einmal der Hund rührte sich dann, der sonst immer als Erster beim Telefon war. Bei Käfers lief er nicht zum Telefon. Er stand auf, legte seinen Kopf auf Johannes' Knie und zitterte.

In Chiaras Haltung war dann etwas Lauerndes, sie öffnete die Augen wieder, die gingen hin und her, als wollten sie einem Blick ausweichen, zugleich suchten sie etwas, und anstelle der Pasta kaute Chiara ihre Unterlippe, die davon tiefer rot wurde. Und etwas rot im Gesicht war Chiara auch, sie atmete schneller und manchmal verschluckte sie sich.

Wenn Harald Käfer zurückkam, sagte er: «Tokio. Sie brauchen noch was für die Presse», oder: «Stockholm. Ich muss mich jetzt entscheiden, was ich da im nächsten Jahr spiele.»

Manchmal aber stand Chiara ganz schnell auf. Dann hatte er sie gerufen. Dann ging es um ihre Konzerttournee oder ihren Liederabend oder eine Opernpartie.

Man hätte danach in Ruhe weiteressen können, aber die Spannung in Chiaras Schultern blieb, sie aß hastiger, Harald langsamer, und der Hund legte sich nicht wieder hin.

Johannes schaute auf Maria und las von ihren Lippen ein lautloses, nur ihm verständliches: War wohl nichts, was?

Und er wunderte sich, denn er fand, Tokio oder Stockholm oder Berlin war doch eine ganze Menge. Oder er hatte alles falsch verstanden. Marias Eltern machten zwar große Gesten, aber die nützten ihm nicht viel. So konnte er nur von den Lippen lesen, das war anstrengend, und er bekam nicht alles mit.

Schallwellen: Johannes, der sie in der Hand hält.

In Marias Elternhaus gab es vollkommen andere Schallwellen als bei den Beers. Selbst wenn Johannes hätte hören können, er hätte nichts verstanden. Er hätte sich gewundert. Und das tat er auch ohne etwas zu hören, denn immer wieder, scheinbar grundlos, zitterte der Hund.

Johannes und Bailando waren ungefähr eine Woche bei den Käfers, als die Schallwellen zu einer tosenden Brandung wurden.

Es war heiß wie fast jeden Tag in diesem Sommer. Sie wollten zum Schwimmen an den See gehen, zum Hundestrand, wo Bailando mit ins Wasser durfte. Maria kam in Johannes' Zimmer. Sie hatte den roten Badeanzug schon in der Hand. Der Hund sprang auf und tobte um sie herum. Johannes suchte ein Handtuch. Nur wenige Augenblicke wandte er Maria und Bailando den Rücken zu, und als er sich wieder umdrehte, zitterten beide, von Maria aber nur der rote Badeanzug in ihrer Hand, den sie sofort in eine Tasche stopfte. An Bailandos Kopf hingen die Ohren, das taten sie immer, er hatte schließlich Schlappohren, aber sie hingen tiefer, als seien sie schwerer geworden.

«Ich hol noch was zum Trinken», sagte Maria.

Sie ging und kam lange nicht zurück. Johannes packte das Handtuch in seinen Schwimmbeutel und musste immer wieder den Hund streicheln, der ihm das Gesicht lecken wollte. Endlich kam Maria. Er dachte, sie sei in der Küche gewesen, weil sie so lange fort war, aber sie brachte nur die halb volle Limoflasche, die gleich nebenan in ihrem Zimmer gewesen war.

«Ich hol was zum Essen», sagte sie.

«Hast du Hunger?», fragte er erstaunt.

Sie schüttelte den Kopf, stand einen Augenblick zögernd in der Tür, dann warf sie die Tasche über den Rücken, drehte sich um und lief die Treppe hinunter. Bailando zog an Johannes' Hemd. Er folgte ihr.

Er legte die Hand auf das Geländer. Das waren keine Bässe, was er da in der Hand hielt. Es war überhaupt nichts, und trotzdem zog es in den Fingerspitzen. Er setzte sich und berührte die Holzstufen über sich.

Maria stand unten und winkte.

Etwas Schrilles vibrierte auf Johannes' Kopfhaut. Die Haarwurzeln taten ihm weh. Der Hund leckte ihm übers Gesicht.

Schallwellen: Maria, die sie hört.

Maria hatte nicht mit dem Hund gerechnet. Sie hatte eigentlich überhaupt nicht damit gerechnet, dass es Schwierigkeiten geben würde. Und nun zitterte der Hund schon, wenn ihre Eltern ganz normal – was ist normal? – miteinander umgingen, sich nur belauerten.

Nach einer Woche hatte Bailando dann wirklich einen Grund zu zittern.

Sie wollten zum Schwimmen gehen. Maria stand schon in Johannes' Zimmer mit einem ihrer roten Badeanzüge in der Hand, da hörte sie das Telefon. Sie sagte, sie hole noch etwas zum Trinken, und lief hinaus. Vielleicht war ihre Mutter im Arbeitszimmer, vielleicht ihr Vater im Garten – oder umgekehrt. Wenn sie den Hörer abnahm und ihrer Mutter sagte: Es ist Francesco aus Köln; oder ihrem Vater: es ist Joanna aus Hamburg – dann könnte sie vielleicht das Schlimmste verhindern, sie war das gewöhnt. Aber sie kam zu spät. Ihre Mutter war bereits am Telefon, ihr Vater stand in der Terrassentür. Von der Treppe aus hörte Maria zu. Chiara sprach italienisch, sprach sehr schnell, was Maria gut, Harald kaum verstand. Maria merkte, es war nicht Francesco, es war Chiaras Schwester aus Mailand. Chiara lachte laut und sprach leise, sagte: «Ciao!» legte auf, und dann ging das los. Harald schrie und trat gegen die Esszimmerstühle, Chiara knallte Türen, es sei ihre Schwester gewesen, nicht Francesco, und außerdem habe er ihr nichts vorzuwerfen, mit seiner Joanna in Hamburg, sie wisse alles. Erst schonte sie noch ihre Stimme, die für anderes bestimmt war, dann kreischte sie schrill, das schadete den Stimmbändern, aber sie hatte sich nicht mehr unter Kontrolle.

Maria lief zurück, holte rasch noch eine halb volle Limoflasche aus ihrem Zimmer, Johannes streichelte den winselnden Hund, wahrscheinlich knurrte er in der Hundesprache, aber unten brüllte ihr Vater, und Maria hörte Johannes so wenig wie er sich selber, sie zog die Tür hinter sich zu.

Johannes wollte gehen.

«Ich hol was zum Essen», sagte Maria.

Der Lärm würde nicht lange dauern. Sie kannte das. Wenn sie noch etwas zum Essen holte, konnten sie wahrscheinlich in Ruhe die Treppe hinuntergehen. Aber Johannes hatte keinen Hunger, und außerdem hörte er ja doch nichts, sie konnten also ebenso gut sofort gehen. Sie nickte, stopfte die Limoflasche in ihren Beutel und ging.

Und dann stand sie unten und sah, wie Johannes die Hand auf das Geländer legte, sah, wie etwas durch seinen Körper lief, wie er sich setzte und die andere Hand auf eine Stufe legte. In seinem Gesicht zuckte ein Schmerz, und Bailando versuchte den abzulecken. Sie rief: «Komm!» und winkte.

Fingerflüstern: Johannes, der spricht.

Dann gingen sie zum Schwimmen. Bailando hörte auf zu zittern und schlich müde neben ihnen her. Es war sehr heiß. Johannes taten die Haarwurzeln nicht mehr weh, aber seine Kopfhaut fing an zu jucken, als sei ein Schwarm dieser kleinen beißenden Kriebelmücken über seinen Kopf gekrochen. Er konnte nicht aufhören zu denken, zu reden. Seine Finger zuckten Fragen: Was? Was war das? Was ist das?

In allen Gärten sprühten die Rasensprenger. Wenn einer über die Hecke auf den Gehweg spritzte, blieb er stehen, hielt den Kopf in den Regen und die Hände, die weiterredeten. Wasser lief über seine Fragen.

Maria griff nach seiner Hand. Seine Finger sprachen. Aber sie stellten keine Fragen mehr. Sie flüsterten. Direkt in ihre Hand. Wie in ein Ohr. Sie sagten kein richtiges Wort, nur das Fingerspitzenende eines Wortes. Maria hielt seine rechte Hand. Die würde er, wenn er das Wort «laut» spräche, über die linke legen, im flachen Winkel schräg über die linke, die auf dem Herzen läge. In der Innenfläche von Marias Hand zuckten die Fingerkuppen eines Wortes, das man nicht zu jedem sagt.

Johannes musste grinsen.

Eigentlich ist das ungerecht, dachte er, eigentlich geht es mir viel besser als ihr. Ich verstehe immer, was sie sagt, selbst wenn sie gar nicht merkt, dass sie was sagt, und sie versteht jetzt nichts – eigentlich – eigentlich – schade –

Fingerflüstern: in Marias Hände – die sind taub.

Erst ging Maria neben Johannes, dann ließ sie ihn etwas vorausgehen und schaute auf seine Hände. Das war kein normales Zucken. Es unterschied sich von dem nervösen Zappeln in den Fingern ihrer Mutter vor einem Auftritt wie ein Ton von einem Geräusch, wie ein Wort von einem Schrei. Seine Hände sagten etwas. Aber es waren Worte in einer fremden Sprache.

Wo ein Rasensprenger über eine Hecke spritzte, blieb Johannes stehen, hielt den Kopf in den Sprühregen und auch die Hände, die weiterhin kleine Bewegungen machten, Töne, durch die Wasser lief, Worte, über die Tropfen rannen. Sie konnte nicht verstehen, was er sagte, sie sah es in der Sonne glitzern und hätte es so gern verstanden. Sie nahm seine Hand. Das war, wie ein Ohr an seine Lippen halten, um die ganz leisen Töne zu verstehen. Auf der Innenfläche ihrer Hand flüsterten und summten seine Finger. Aber sie verstand noch immer nicht, was er sagte. Das machte sie traurig.

So gut konnte sie jetzt schon mit ihm reden, so gut ihn verstehen, wenn er sprach, so viele der Zeichen und Gebärden, die sein Sprechen begleiteten, waren ihr vertraut. Aber was seine Finger flüsterten, hörte sie nicht. Ihre Hand war taub.

Kleine Nägel

Johannes sagte: «Wenn Andreas kommt, bleibe ich so lange mit ihm drüben bei uns.»

Maria erschrak. Er wollte gehen. Nur noch wenige Tage und Andreas würde zurückkommen. Und bald darauf Sophia. Sie selber musste wieder reisen, ihre Mutter begleiten auf der Konzerttournee. Ja, auch Johannes würde mitkommen. Aber das war etwas anderes als mit ihm zusammen daheim sein. Sie wollte so lange wie möglich mit ihm zusammen daheim sein. Und er wollte gehen.

«Dann kann Bailando einmal wieder richtig schlafen», erklärte Johannes.

Maria zuckte zusammen. Bailando schlief also auch in der Nacht nicht. Bei Beers lag er den halben Tag auf dem Sofa völlig entspannt auf dem Rücken, wie ein Kind. Hier lief er immer hinter Johannes her und manchmal zitterte er, zog wild an Johannes' Hose oder Ärmel und leckte ihm das Gesicht und musste lange gestreichelt werden. Es hatte dann vielleicht das Telefon geläutet. Oder Harald Käfer war etwas laut geworden. Oder Chiara war gegen einen Stuhl gerannt. Selbst wenn der gar nicht umfiel, zitterte der Hund. Und Johannes? Der sah jeden Tag etwas müder aus.

Er schläft auch nicht, dachte Maria. Er hört nichts, aber er spürt es. Er kann hier nicht schlafen. Er wird gehen.

Andreas würde also kommen.

Andreas war auch eine Chance.

Wie alt war er gewesen, als Johannes in Sophias Bauch hatte Musik hören können? Vier? Oder fünf? Er musste sich erinnern. Wenn nicht an das Musikstück, einen langsamen

Satz von Bach, so doch vielleicht an den Text, an das Lied, das Sophia dazu gemacht hatte. Andreas musste ihr helfen.

Andreas kam und nützte das leere Haus für mehr als eine halbe Stunde Lärm. Johannes störte das nicht. Er saß auf der Treppe und hielt die Bässe in der Hand. Bailando störte es auch nicht. Er lag auf dem Rücken und schlief.

Andreas kochte. Er zerriss die Packungen von chinesischen Fertiggerichten, die pfefferte er kräftig und schob sie in den Backofen.

Maria setzte sich zu Johannes auf die Treppe, legte die Hand auf eine Stufe, spürte nichts, legte ein Ohr daran, spürte immer noch nichts. Johannes stand auf, lief in das Zimmer seiner Mutter und kam zurück mit einer kleinen Plastikschachtel, dunkelbraun und gelb: die Ohrenstöpsel. Sophia hatte sie ihr schon einmal angeboten.

«Das nehmen sie manchmal», schrie er. «Dann geht es besser.»

Zwei rosafarbene, in rosa Watte gewickelte Wachskugeln waren darin. Johannes zupfte die Watte ab, knetete die Kugeln, formte eine Spitze und schob sie ihr in die Ohren. Sie drückte selber noch ein wenig darauf herum, bis sie zwei genau passende Stöpsel in den Ohren hatte.

Marias Welt war abgeschaltet. Sie fühlte sich hilflos, ihr war schwindlig, sie griff nach seiner Hand, sie hatte Angst, von der Treppe zu stürzen. Johannes hob die andere Hand, hielt sie waagerecht vor seinen Körper, den Handrücken nach oben, und drückte sie zweimal wie gegen einen schweren Widerstand nach unten. Dabei sagte er etwas, oder vielleicht sagte er es auch nicht, vielleicht sprachen nur seine Lippen, lautlos.

So ist das, dachte sie. So! Damit muss er auskommen. Lippen und Hände.

Aber er hatte das gelernt und sie nicht.

Johannes wiederholte.

Es war ein Wort mit ‹a›. Und vor dem ‹a› hatte er die Lippen geschlossen. Maria?

«Maria», sagte sie.

Er lächelte und schüttelte den Kopf, wiederholte, sie schaute genau hin: die Lippen waren nicht ganz geschlossen, die oberen Schneidezähne berührten die Unterlippe, sie machte es nach:

‹wa›

Er ließ sie los, hielt beide Hände waagerecht vor den Körper und drückte sie nach unten und sagte:

«Wa ...»

Maria verstand.

«Warten», sagte sie.

Johannes nickte und lachte.

Maria wartete. Dabei lauschte sie und hörte: der Geruch von Nasi Goreng, süßsauer eingelegten Bambusstreifen und angebrannten Frühlingsrollen wurde stärker. Sie wusste nicht, wie sie mit der Stille umgehen sollte, schwankte zwischen Sehen und Riechen und fand ohne Hören keinen Halt.

Aber Johannes nickte ihr zu.

Sie legte eine Hand auf die Treppe, sehr vorsichtig, berührte das Holz kaum – langsam wurde die Stufe unter ihren Fingern lebendig.

Johannes lächelte und nickte. Er war sehr nah.

Ich gehe in seine Welt, dachte Maria.

Das hatte Sophia ihr einmal gesagt: «Warum gehst du nicht in seine Welt?»

Ich bin in seiner Welt, dachte Maria.

Und dann stand Andreas unten und fuchtelte mit den Armen herum. Natürlich – er hatte sie gerufen, hatte geglaubt, Maria würde ihn hören und mit Johannes kommen.

Johannes legte die Hände auf Marias Ohren. Andreas grinste, machte dieselbe Bewegung wie zuvor Johannes, drückte beide Hände zweimal schwer nach unten: Warten!, und er lief an ihnen vorbei, die Treppe hinauf. Nach ein paar Minuten war er wieder da und nickte Johannes zu. Der schob Marias Haare zurück und zog ihr die Stöpsel aus den Ohren.

Lärm fiel über sie her. Sie schlug die Hände auf die Ohren, wie man die Augen zukneift, wenn man aus dem Finstern in die grelle Sonne tritt, und sie brauchte eine Weile, bis sie merkte, dass nicht mehr Heavy Metal durch das Haus dröhnte, sondern Beethoven. Sie stand wie betäubt, und es dauerte einige Minuten, bis ihre Ohren sich daran gewöhnt hatten, das wieder schön zu finden.

Johannes beugte sich über das Geländer und schnüffelte. Wenn sie die Frühlingsrollen noch essen wollten, mussten sie sich beeilen.

Maria erkannte die Neunte Sinfonie.

«Ich glaube», sagte sie, «als er das schrieb, war er schon taub.»

«Wer?», fragte Andreas.

«Beethoven», sagte Maria. «er war schon taub, als er das schrieb. Er hat es nie gehört.»

«Der war taub?», fragte Andreas.

Maria nickte.

«Später, ja.»

Johannes lief die Treppe hinunter und rettete die Frühlingsrollen.

Maria und Andreas gingen langsam hinter ihm her.

«Das ist die einzige CD mit solcher Musik, die wir haben», sagte er. «Hat uns jemand geschenkt. Und der war taub? Ich meine, der Komponist?»

Sie aßen auf der Terrasse, verschluckten sich am Pfeffer,

mussten sehr viel Wasser dazu trinken und redeten die ganze Zeit. Johannes und Andreas machten die gewohnten Gebärden, dabei jonglierten sie Messer und Gabel so geschickt, dass die Sojasoße von den Reisnudeln spritzend exakt auf die Bambussprossen traf wie Fliegende Menschen im Zirkus, aufgefangen von Trapez zu Trapez, nur Maria kleckerte die braune Soße auf ihre hellgraue Cargohose, und als das Telefon läutete, ging niemand hin.

«Kannst du uns denn so verstehen?», fragte Maria und hörte auf zu kauen.

«Schlecht», sagte Johannes.

«Leute, die mit vollem Mund reden, versteht man immer schlecht», sagte Andreas, «das geht uns ganz genau so.»

Nach dem Essen legte sich Johannes in die Hängematte.

Er ist müde, dachte Maria und schaute nach dem Hund. Der lag im Schatten und schlief.

«Andreas», sagte Maria, «ich muss dich was fragen. Wegen Johannes. Ich weiß, ich könnte laut reden, aber da komme ich mir komisch vor.»

«Wir tun das auch nicht», nickte Andreas, «ich meine laut über ihn reden, wenn er dabei ist. Wir haben es einfach nicht gelernt und vergessen immer, dass es geht. Du kannst mir in der Küche helfen.»

Sie stellten Teller und Schüsseln zusammen. Maria ging an der Hängematte vorbei. Johannes schien zu schlafen. Sie wollte ihn gern schaukeln und überlegte, wie sie die Hängematte schubsen konnte, ohne ihn anzufassen und vielleicht zu wecken. Sie stellte die Teller ab, fasste mit beiden Händen den Rand der Matte, zog sie langsam, ohne Ruck, zu sich hin und ließ sie los. Johannes, sacht schwingend, bewegte die Hände. Maria verstand: er sprach im Schlaf. Zu gern hätte sie gewusst, was er sagte. Sie versuchte, so zu schauen, wie man lauscht, seine Worte wurden nicht verständlicher, aber sie fand, sie klangen schön.

Das ist ein guter Traum, dachte sie und hätte zu gern gewusst, ob sie darin vorkam.

Sie nahm die Teller und folgte Andreas in die Küche. Und sie achtete darauf, dass die Teller nicht schepperten.

«Erst abspülen!», verlangte Andreas, als sie die Teller in den Geschirrspüler räumen wollte. «Ich hasse festgeklebte Soßenreste.»

Maria ließ Wasser über die Teller laufen und erklärte Andreas, was sie von ihm brauchte.

«Nein», sagte er. «Sophia hat nicht gesungen. Nie. Vor Johannes' Geburt nicht und hinterher erst recht nicht.»

«Sie hat es mir erzählt», behauptete Maria, «sie hat selber einen Text gemacht zu der Melodie.»

«Nein! Ich glaube nicht, dass Sophia überhaupt weiß, wie man Stimmbänder dazu kriegt, dass aus dem Mund solche Töne kommen – singen, nein, in diesem Haus wird nicht gesungen.»

So schnell gab Maria nicht auf.

«Vielleicht Sprechgesang?», schlug sie vor. «Sie hat immer dieselbe Melodie gehört. Vielleicht hat sie dazu gesprochen, rhythmisch gesprochen. Ich brauche den Text.»

«Wozu?»

«Wenn wir den Text haben, wird euch vielleicht auch wieder die Melodie dazu einfallen.»

Andreas kratzte heftig an dem angebrannten Topfboden.

«Es gab da eine Melodie», sagte er, «sie hatte eine Schallplatte. Da hat sie immer dieselbe Stelle gesucht. So was Langsames.»

«Das ist es!», rief Maria. «Kannst du dich erinnern?»

«Woran?»

«An die Melodie.»

«Wie stellst du dir das vor?»

«Kannst du sie singen? Summen? Oder pfeifen?»

«Maria!», sagte Andreas. «In diesem Haus wird nicht gesungen. Wenn ich summe, schauen alle, ob irgendwo eine Mücke ist, wenn ich singe, rennen sie weg, und wenn ich pfeife, kommt der Hund.»

Aber Maria gab nicht auf.

«Würdest du sie erkennen, wenn ich sie dir vorsinge? Ich mach dir ein paar Vorschläge. Ich weiß nämlich den Komponisten.»

Andreas zuckte die Achseln und kratzte weiter an der angebrannten Sojasoße. Er wirkte irgendwie wütend.

Maria sang.

«Du kannst schön singen», sagte er. «Ist schon schade, dass Johannes dich nicht hören kann.»

«Das ist nicht schlimm. Nun?»

Andreas schüttelte den Kopf.

«Ich kenne nichts davon», sagte er.

«Vielleicht hat sie ein Schlaflied daraus gemacht. Sag mal alles, was dir einfällt, wenn du hörst: ‹Schlaflied›.»

«Nichts.»

Maria wartete. Andreas stieß den Pfannenwender in die Sojakruste, und Maria dachte, der Topf müsste längst ein Loch haben.

«Kleine Nägel», sagte Andreas. «Fakire in Indien schlafen auf Nägeln und ganz kleine Kinder manchmal auch. Auf kleinen Nägeln. Kleine Kinder, kleine Nägel. Ich hab auf Näglein und Dornen geschlafen als ganz kleines Kind. Das träume ich heute noch.»

«Das fällt dir ein, wenn du ‹Schlaflied› hörst?»

«Ja.»

Maria kicherte.

«Das ist nicht komisch!»

«Aber ich kann dir sagen, warum das so ist. Ich weiß es.»

Sie fing leise an zu summen. Andreas hörte auf zu kratzen. Erst fiel ihm der Topf aus der Hand, dann der Pfannenwender, die schepperten ins Spülbecken. Er drehte sich um und starrte sie an.

Maria sang:

Guten Abend, gut' Nacht,
Mit Rosen bedacht,
Mit Näglein besteckt,
Schlupf unter die Deck.

«Aber das sind natürlich keine Nägel», sagte sie, «das sind Nelken. Auf Rosen und Nelken solltest du schlafen. Typischer Denkfehler. Passiert ganz oft mit diesem Lied. Aber das ist Brahms, nicht Bach, es kann nicht das Lied sein, das Sophia für Johannes ... was hast du?»

Andreas war sehr blass.

«Sing weiter!», sagte er. «Sing es noch einmal. Sing es ganz.»

Zwischen angebrannten Töpfen und verschmierten Tellern sang Maria, vierzehn Jahre, für Andreas, neunzehn, Brahms' Wiegenlied, die erste Strophe und die zweite bis zum Schluss:

Schlaf nun selig und süß,
Schau im Traum 's Paradies.

Da zuckte Andreas zusammen.

«Komm!», rief er.

Er wischte sich die Hände an der Hose ab und lief die Treppe hinauf in sein Zimmer. Maria folgte. Auf der Treppe lag noch das braungelbe Schächtelchen.

«Kann ich die Ohrenstöpsel haben?», rief sie hinauf.

«Die was?»

«Die rosa Wachskugeln. Die Ohrenstöpsel.»

«Ja, sicher.»

Maria schob die kleine Plastikschachtel in die Seitentasche ihrer Cargohose. Über dem linken Knie war der Sojasoßenfleck. Er sah aus wie eine Achtelnote. Komisch, dachte sie und ging hinauf.

Andreas kniete vor der Kommode. Er hatte die unterste Schublade geöffnet und zog eine Mappe heraus, von ganz unten. Er öffnete sie, breitete auf dem Boden fünf zerfaserte Stücke Papier aus.

«Da», sagte er, «der Schluss. Das sind Briefe von meiner Mutter, weißt du. Sophia hat sie mir vorgelesen. Ich war ja erst fünf, und dann kamen keine mehr. Aber das konnte Sophia nicht lesen. Sag noch einmal, wie war der Schluss von dem Lied?»

Maria sprach, und Andreas summte leise mit: «Schlaf nun selig und süß, schau im Traum 's Paradies.»

«Das ist es doch ...», sagte er, «da, immer derselbe Schluss.»

«Hat sie das für dich gesungen?», fragte Maria.

«So was Albernes», murmelte Andreas, «so ein Kitsch. Aber so was Albernes schreiben Mütter ihren Kindern doch nur, wenn sie sie lieb haben. Wenigstens ein bisschen. Oder? Was glaubst du?»

Maria konnte zuerst nicht antworten. «So was» hörte sie in Konzertsälen, und das war weder albern noch Kitsch.

Aber Andreas sah so hilflos aus. Das brüchige Papier zitterte in seiner Hand und da sagte sie: «Sicher. Ganz sicher.»

«Stefan hätte es vielleicht lesen können», murmelte er.

«Hat sie das für dich gesungen? Deine Mutter?», fragte Maria.

Andreas summte. Erst leise. Dann immer lauter. Ohne jede Schwierigkeit hielt er die Melodie.

«Du kannst singen», flüsterte Maria.

«Ja, ich glaube, das hat sie gesungen», sagte er, «das hat sie für mich gesungen. Abends. Immer. Solange sie da war. Dann war sie weg.»

«Du kannst singen», sagte Maria.

«Ich hätte also nicht auf Nägeln schlafen sollen?»

«Nein.»

«Sondern vom Paradies träumen?»

«Ja.»

«Ich glaube, ich habe immer Angst gehabt. Ich glaube, ich habe immer gewusst, dass sie gehen wird.»

«Und ihr habt keine Ahnung, wo sie jetzt ist?», fragte Maria.

Aber Andreas hörte ihr nicht zu.

«Wenn man den Text kennt, kann man das lesen», murmelte er. «Stefan hätte es wahrscheinlich lesen können. Aber der hat die Briefe nicht mal angeschaut. Man kann heute noch nicht von ihr reden, von meiner Mutter, meine ich.»

«Aber Stefan ist doch so ein fantastischer Vater. Vollkommen tadellos.»

«Sagt Johannes?»

Maria nickte.

«Stefan ist in Ordnung», sagte Andreas. «Sehr in Ordnung. Aber vollkommen tadellos ist er nur für Johannes. Weil Johannes eben Glück hat.»

«Nur dass er taub ist», wandte Maria ein.

«Das ist auch Glück», sagte Andreas, «aber mehr für uns. Kann ja nicht alles nur für ihn gut sein. Für ihn ist es sicherlich manchmal lästig.»

«Jetzt erzähl mir», verlangte Maria, «das musst du mir jetzt erzählen, warum das für euch ein Glück ist, ich meine, dass er taub ist.»

Andreas legte die Blätter wieder vorsichtig aufeinander, faltete den Ordner zusammen und schob ihn in die unterste Schublade.

«Ich war so eine Art Paket», sagte er. «Kannst du dir das vorstellen? Nein, natürlich nicht. Ich wurde auch immer herumgeschickt. Da war es sicher ganz praktisch, dass ich von selber ein Paket aus mir machte.»

Zugeschnürt

Als Andreas ungefähr zwei Jahre alt war, ging seine Mutter. Niemand wusste, warum. Doch – Stefan wusste es wahrscheinlich, aber er sprach nicht darüber. Vielleicht ging sie mit einem anderen Mann, dachte Andreas später, aber wenn er Stefan fragte, erhielt er keine Antwort. Andreas kam zu Stefans Eltern. Die hatten ihn gern, und er fühlte sich wohl, so ziemlich. Ob seine Mutter ihm damals Briefe schrieb, wusste er nicht. Dann brachte Stefan Sophia zu seinen Eltern. Sie grüßte alle freundlich mit einem stillen Kopfnicken, und nur wenn einer direkt auf sie zuging und die Hand ausstreckte, gab sie ihm die Hand. Danach klebten ihre Arme wieder am Körper, sie schnappten zurück an ihre Seite und blieben da wie eingerastet. Andreas sollte ihr die Hand geben, aber er schaffte das nicht. Er saß auf seinen Händen, auf den Handrücken und rührte sich nicht.

«Lasst ihn», sagte Stefan.

Sophia blieb Andreas fremd.

«Glaube ich nicht», sagte Maria. «Ihr wart euch wahrscheinlich ähnlich, nicht fremd.»

«Doch. Fremd», sagte Andreas. «Wir waren immer fremd. Jedem. Es war chronisch. Und wenn zwei chronisch fremd sind, hebt sich das nicht auf. Es verdoppelt sich.»

Und als Sophia schwanger war, ihre Stelle aufgab und Andreas zu ihnen kam, wurde das nicht besser. Andreas saß auf den Händen oder zog die Knie an und schnürte die Arme darum. Er hatte manchmal Angst vor Sophia. Sie war nett zu ihm, aber sie machte immer dasselbe Gesicht. Bei Stefans Eltern war er lieber gewesen. Der Oma hatte er angesehen, ob sie schlecht geschlafen hatte, und wenn der Opa vom Skatspiel kam, wusste Andreas sofort, ob er gewonnen oder verloren hatte, lange, bevor er wusste, was gewinnen und was verlieren war. Sophia sah immer gleich aus, und das Schlimme für Andreas war, dass er nie herausfand, ob sie immer gut oder schlecht schlief, ob sie immer gewann oder verlor.

Am Anfang konnte er sie auch schlecht verstehen. Seine Großeltern hatten Dialekt gesprochen, Stefan konnte das auch. Sophia sprach nur Hochdeutsch. Das verstand Andreas bei anderen Leuten einigermaßen, aber die machten Gesichter und Gesten zu den Worten. Sophias Gesicht blieb unbeweglich, und ihre Arme klebten an den Seiten ihres Körpers oder steckten in den Hosentaschen. Sie konnte sie lösen, um ein Fenster zu öffnen oder um eine Tasse auf den Tisch zu stellen, und es kam vor, dass sie Andreas dabei berührte und sehr lieb anschaute. Aber dann schnappten die Arme zurück in ihre Halterung und sie drehte sich weg. Er hatte dann immer so etwas wie Hunger, sagte aber nichts.

Morgens beim Frühstück waren die beiden meist allein. Stefan, der an seiner Diplomarbeit schrieb, ging früh ins

Institut. Sophia und Andreas saßen an dem kleinen Tisch in der Küche, zwei zugeschnürte Pakete, in die Brötchen gestopft wurden, ohne dass man sie dafür öffnen musste. Was drin war, blieb verpackt.

In den letzten Monaten ihrer Schwangerschaft hörte Sophia Musik. Andreas, der fast immer bei ihr war, durfte die Schallplatte auflegen. Er war so vorsichtig und geschickt. Er zog die schwarze Scheibe aus der Hülle –

«Wie sah die aus?», flüsterte Maria, «die Schallplattenhülle, wie sah die aus, das Cover, Andreas ...»

Aber er ging nicht darauf ein.

– er musste immer dasselbe Stück herausfinden, das konnte er bald gut. Er legte die richtige Seite auf, dabei lernte er die Ziffern 1 und 2, er drückte auf den Startknopf, die Scheibe fing an sich zu drehen, der Tonarm hob sich und schwenkte nach innen, und bevor er sich senkte, kippte Andreas einen schwarzen Hebel nach vorn, die Nadel schwebte über der Platte. Vorsichtig schob er den Tonarm nach innen, bis er genau über dem blanken schmalen Streifen vor Sophias liebstem Musikstück hing, dann drückte er den Hebel zurück, und langsam senkte sich Nadel. Wenn, sobald sie die Platte berührte, erst nur ein Knistern kam, keine Musik, hatte er die richtige Stelle getroffen. Das war der zweitschönste Augenblick seines Tages. Er drehte sich um, schaute Sophia an, die nickte und lächelte fast.

Es gab nur einen Augenblick, der noch schöner war. Wenn Stefan heimkam, wollte er nach dem Baby horchen und zog Andreas mit an Sophias Bauch. Sie legten ein Ohr darauf und horchten, wie Johannes strampelte –

«Oliver», sagte Maria. – «Ja – Oliver», sagte Andreas.

Da waren die Pakete geöffnet, aber nur ganz kurz. Sehr bald schon schnappten Sophias Hände zurück und Andreas' Hände zurück, sie packten sich ein, sie schnürten sich zu, jeder für sich, der andere blieb draußen.

«Weißt du», sagte Andreas, «Stefan hat immer gewusst, was drin war in dem Sophia-Paket. Das find ich wirklich toll an ihm. Er muss es gewusst haben. Nur weil sie einigermaßen hübsch ist, kann er sie doch nicht so geliebt haben.»

«Die Schallplatte», sagte Maria, «wie sah die aus? Wir haben viele alte Schallplatten und jede Menge Bach. Was war da drauf?»

Andreas dachte nach.

«Leute – eine ganze Menge Leute mit weißen Perücken und ein Hund, ein kleiner weißer Hund mit braunen Ohren. Der sitzt und guckt in eine Trompete.»

«Komisch», murmelte Maria, «aber ... ja ... das ist gut. Ich glaube nicht, dass es viele Bachplatten gibt mit Hunden, die in Trompeten gucken. Wenn wir sie haben, finde ich sie. Kommst du zu uns? Jetzt gleich? Vielleicht schläft Johannes so lange. Er soll es nicht merken. Sonst versucht er, sich zu erinnern, und das klappt nie. Wenn ich will, dass mir eine Melodie einfällt, die gerade weg ist, krieg ich sie nie.»

«Das geht sowieso nicht», sagte Andreas.

«Dir ist doch vorhin das Lied auch wieder eingefallen, das deine Mutter gesungen hat.»

«Ja, aber ich war zwei Jahre alt, als ich es hörte. Und ich habe immer gehört. Ich weiß, was Hören ist. Johannes hat das vergessen, glaube ich. Er war noch kein Jahr alt, als er so krank wurde.»

«Wie ...?», Maria verstand ihn nicht. «Wie ... was meinst ... er war noch kein Jahr ... und wieso war er krank?»

«Hirnhautentzündung», sagte Andreas.

«Er hatte die Nabelschnur um den Hals», sagte Maria. «Bei der Geburt.»

«Natürlich.» Andreas nickte. «Sophia ist durchgedreht. Sie hat geglaubt, er wäre behindert. War aber nichts.»

Maria zitterte.

«Er war nicht von Anfang an taub? Nicht von Geburt an?»

«Natürlich nicht. Er fing schon an zu sprechen.»

In Maria polterten zwei Gedanken durcheinander.

Ein Jahr, dachte sie, fast ein Jahr.

Und:

Warum macht Sophia das?

Fast ein Jahr konnte Johannes hören. Plus drei Monate Oliver, das muss doch reichen; aber warum verschweigt Sophia das, warum hat sie es nicht erzählt?

«Was war mit der Schallplatte?», fragte sie. «Ich meine, nach Johannes' Geburt?»

«Weg», sagte Andreas. «Ich hab sie nie mehr gesehen. Sophia war durchgedreht. Total. Die hat keine Musik mehr gehört.»

«Das hat nur Oliver», murmelte Maria, «nur Oliver ...»

Sie stand auf.

«Hilfst du mir die Schallplatte suchen?», fragte sie.

«Jetzt nicht», sagte Andreas. «Du wolltest meine Geschichte hören. Du wolltest wissen, warum es ein Glück für uns ist, dass Johannes taub ist.»

«Später», Maria ging zur Tür, «erst lass uns die Schallplatte suchen. Schnell. Vielleicht schläft er so lange.»

Aber vor der Tür stand Johannes.

In dieser Nacht konnte Maria nicht schlafen. Immer musste sie an Sophia denken und an Johannes, wie er mit den Händen im Schlaf gesprochen hatte und sie nichts davon verstehen konnte. Er sprach sonst auch mit den Händen. Alles was er sagte, begleitete er mit Gebärden, aber wenn er schlief, sprach er nur noch mit den Händen, und sie verstand kein Wort.

Ihr war kalt, obwohl es in den Nächten kaum abkühlte.

Johannes war so weit fort. Und dass Sophia sie getäuscht hatte, machte die Luft auch nicht wärmer.

Sie stand auf, schlüpfte in die Hose mit dem Sojasoßenfleck über dem linken Knie, der aussah wie eine Achtelnote, und machte sich auf die Suche nach der Schallplatte mit dem Hund und der Trompete.

Im Musikzimmer war ein Schallplattenregal. Da standen die alten schwarzen Scheiben in ihren bunten Hüllen, quadratisch wie CDs, aber viermal so groß und schmal wie Messerrücken. Es gab einen langen Streifen Johann Sebastian Bach. Maria zog eine nach der anderen heraus und durchforschte die Titelseiten. Menschen mit gepuderten weißen Lockenperücken gab es viele, aber nicht einen einzigen Hund, der in eine Trompete schaute.

Ich bin zu müde, dachte sie. Andreas wird ihn finden.

Sie ging zurück in ihr Zimmer und dachte: Vielleicht singe ich ja im Schlaf. Das kann Johannes nicht verstehen.

Die Hose mit dem Sojasoßenfleck hätte sie nun eigentlich in eine Ecke werfen müssen, um sie am nächsten Tag in die Wäsche zu geben. Und die kleine Plastikschachtel mit den Ohrenstöpseln hätte sie natürlich herausnehmen müssen. Aber sie dachte an anderes und legte die Hose in den Schrank.

Am nächsten Morgen kamen Johannes und Andreas bald.

«Wir fahren heute Nacht zur Ufer-Disco», sagte Andreas, «wir drei.»

Davon wusste Maria noch nichts.

«Doch, das machen wir», sagte Andreas. «Johannes hat mir erzählt, ihr wollt tanzen. Da könnt ihr tanzen.»

Und als sie die Treppe zum Musikzimmer hinaufgingen, blieb er hinter Johannes zurück und flüsterte Maria unnötig leise zu: «Die haben da heute eine Band. Ich denke es ist leichter für ihn, wenn er die Musiker sieht.»

Dann hockten sie zu dritt vor dem Regal und schauten Schallplatten an, eigentlich zu viert, denn Bailando war natürlich auch dabei.

Andreas hatte so etwas lange nicht mehr in der Hand gehabt, Johannes noch nie.

«Zeig mal», sagte Andreas, nahm irgendeine Bachplatte und ließ die weiße innere Hülle herausgleiten. Er wischte sich die Hände an der Hose ab, bevor er mit den Fingerspitzen, nur die glatten Ränder, nicht die Rillen berührend, die Platte aus der Hülle nahm.

«Ich kann das», sagte er, «ich weiß schon noch, wie man sie anfassen muss, sie sind viel empfindlicher als CDs.»

Seine Hände zitterten ein wenig, und seine Stimme klang etwas fremd.

«Ich kann das auch», sagte Johannes und nahm eine andere Platte. Er schaute fasziniert auf die tiefschwarze Oberfläche, die durch die feinen Rillen matt glänzte.

Als Maria die beiden auf dem Boden sitzen und so glücklich auf diese alte Technik konservierter Musik blicken sah, wollte sie gern an dem Glück teilhaben. Aber sie schaffte es nicht. Platten waren genügend da, aber Maria fand das Glück nicht.

Andreas saß im Schneidersitz, schaukelte ein wenig hin und her und dachte: Gleich wird sie lächeln, Sophia, gleich platzt die Maske und kriegt einen ganz feinen Riss – der zweitschönste Augenblick seines Tages, damals.

Johannes lief das Wasser im Mund zusammen.

Er dachte: Riesenlakritztaler.

Er mochte Lakritz.

Maria aber sah nichts von dem matt glänzenden Schwarz, sah nur das rote Etikett in der Mitte und dachte: 5. Brandenburgisches Konzert – erster Auftritt meines Vaters als Dirigent – in einer Kleinstadt – Solingen? – weiß nicht mehr – im 2. Satz machte er einen schlimmen Fehler – gab den Streichern den Einsatz zu früh – Kritiken verheerend – Katastrophe –

«Ich hab den Hund nicht gefunden», sagte sie, während Andreas lächelte und Johannes sich die Lippen leckte. «Ich hab heut Nacht alle schon mal durchgeschaut, aber ich hab den Hund nicht gefunden.»

Andreas schob die Platte zurück in die Hülle.

«Da ist er doch», sagte er.

Maria erschrak. Der! Sie hätte es wissen müssen.

Oben links war ein kleines rotes Rechteck. Darin saß der Hund, weiß mit braunen Ohren und schaute in den Schalltrichter nicht einer Trompete, sondern eines alten Grammophons. Darüber stand: EMI. Darunter: His Master's Voice. Es war das Zeichen der Firma, und das war auf nahezu allen Platten.

«Wozu braucht ihr den Hund?», fragte Johannes.

«Wir suchen ein bestimmtes Musikstück», erklärte Andreas, «ich kenne es von früher, und Maria meint, sie braucht es, aber wir finden es nicht.»

«Doch, wir finden es!», sagte Maria. «Jetzt denk nach. Was war noch drauf. Außer Menschen mit Perücken. Die sind hier überall.»

«Sie trinken Kaffee», sagte Andreas, «oder Tee. Und eine Frau gießt Kaffee ein. Oder Tee. Sie guckt aber woandershin, und wenn sie nicht bald auf die Kanne schaut, wird sie den Kaffee neben die Kanne gießen. Oder den Tee.»

«Danke!», rief Maria.

In Andreas' Gedächtnis waren ein paar Türen aufgegangen.

«Und die Frauen haben Pfannkuchen auf den Köpfen, jede zwei, die hängen rechts und links über die weißen Haare, oben sind sie zusammengebacken, Pfannkuchen mit Puderzucker, viel Puderzucker.»

Sie wühlten sich durch Toccaten und Fugen, durch Kantaten und Oratorien, durch alle Brandenburgischen Konzerte, viele Stücke waren zwei- oder dreimal vorhanden. Johannes war als Musiksucher so gut wie die beiden anderen, aber die ungeschickte Kaffeetante mit den Pfannkuchen auf dem Kopf fanden sie nicht.

Schlangenbeschwörer

Um 9 Uhr ging die Sonne unter, aber noch fast eine Stunde blieben Reste von Licht. Andreas fuhr in der Dämmerung um den See zur Ufer-Disco. Maria saß vorn. Johannes hatte sie beim Einsteigen dahin geschoben und sich selber nach hinten gesetzt. Er wollte sie sehen, aber nicht neben sich haben, er dachte: Sie wird tanzen.

Er hatte gespannt darauf gewartet, was sie anziehen würde, hatte selber lange vor seinem Schrank gestanden und sich für ein orientalisch buntes Batikhemd entschieden, das er in Córdoba gekauft hatte.

Maria kam dann aber nicht in dem kurzen Top, das den Bauchnabel frei ließ. Ihr erdbeerfarbener Strickpulli war nur im Rücken kurz, vorn hatte er eine Spitze, die bis über den Hosenbund hing.

«Wenn du jetzt noch schwarze Flecken darauf machst», sagte Andreas, «siehst du aus wie ein Marienkäfer.»

«Oder wie ein Johannisbeerstrauch», sagte sie, «mit Blattläusen. Für Marienkäfer.»

Als sie den Festplatz erreichten, war es endlich dunkel.

Auf dem Podium am See spielte die Band: zwei E-Gitarren, ein Schlagzeug, eine Sängerin.

Es war schon voll. Tische und Stühle standen zwischen Blumenrabatten, auf der Tanzfläche waren ein paar Palmen – in Kübeln, denn im Winter musste man sie ins Palmenhaus tragen. Andreas und Johannes schauten sich an.

«Arme Viecher, diese Bäume», sagte Andreas, und nur Johannes verstand seine Lippen und Hände, denn es war laut. «Käfigbäume. In Spanien laufen die frei herum.»

Über der Tanzfläche hing eine große Kugel aus winzigen Spiegeln und verhundertfachte die bunten Strahlen der Lichtorgel. Von einem kleinen Leuchtturm aus Holz und Pappe kreisten Scheinwerfer über den Platz und schoben weiße Lichtfinger über Köpfe und Körper.

Johannes entdeckte ein paar Freunde aus seiner Schule, stieg auf einen Stuhl und erzählte ihnen, was es Neues gab. Lichtorgel und Leuchtturm machten seine Gebärden bunt und hell. Maria sah ein paar aus ihrer Schule, konnte ihnen nur zuwinken, die Musik machte sie sprachlos, taub und stumm.

Sie wollte sofort mit Johannes tanzen, aber er setzte sich und schüttelte den Kopf. Maria tanzte mit Andreas, und Johannes schaute zu. Wieder schaute er zu.

Das war diesmal gar nicht so einfach. Er setzte sich auf den Tisch, um das Erdbeerrot nicht zu verlieren, aber die bunten Blitze veränderten die Farben. Er fand es trotzdem. Zwischen all den vielen anderen zuckenden Schultern, sich biegenden Rücken, sacht sich aufwölbenden Bogen unter Pullis und Tops fand er das Erdbeerrot, auch wenn es grün oder lila verfärbt war, denn alles andere waren falsche Puzzleteile, die nicht passten in die leere Stelle in seinem Bauch. Wenn er es verlor, tat es weh, wenn er es wiederfand, noch mehr.

Maria und Andreas blieben nicht lange. Sie kamen zurück, und Johannes rutschte auf seinen Stuhl. Maria schaute ihn an und sagte nichts. Sie glaubte, sie sagte nichts. Dass ihre Lippen sprachen, merkte sie nicht, nur Johannes verstand: Aber ich will doch mit dir tanzen. Mit dir. Immer nur mit dir.

Es war auch nicht möglich, miteinander zu reden, nur Johannes und Andreas unterhielten sich mit Lippen und Händen.

«Du kannst tanzen», sagte Andreas. «In Indien gibt es Männer, Schlangenbeschwörer, die Schlangen tanzen lassen, weißt du das?»

«Hab sie im Fernsehen gesehen», sagte Johannes.

«Sie ziehen durch die Straßen mit ihrer Flöte und ihrem Korb, in dem Korb ist die Schlange, und dann setzen sie sich an eine Straßenecke, machen den Korb auf und spielen. So.»

Andreas hielt die Hände wie um eine Flöte und zappelte mit den Fingern. Maria grinste. Sie verstand nicht, was die beiden sagten, aber das sollte wohl ein Flötenspieler sein, und so kriegte man keine sauberen Töne zustande. Unmöglich.

Andreas bewegte die Flöte, hoch hinauf, ließ sie kreisen und schwingen und ringeln.

«Und dann kommt die Schlange aus dem Korb», sagte er.

Mit einer Hand spielte er weiter, und die andere kam als Schlange aus dem Korb und fing an, sich zu ringeln.

Die Musiker machten eine Pause. Das nutzten alle, um zu reden. Nur Andreas ließ die Hände sinken.

«Was spielst du?», fragte Maria.

«Schlangenbeschwörer», sagte Andreas und wartete, bis die Musik wieder laut war. Da sagten seine Lippen und Hände:

«Aber Schlangen sind taub»,

sagten flackernd rot und gelb und blau:

«Schlangen sind taub»,

sagten bunt:

«Sie folgen nur der Flöte»,

sagten in den hellen Streifen des Leuchtturms:

«Denn Schlangen sind taub.»

Und Maria, die nichts von all dem wusste, fand genau den richtigen Augenblick, um Johannes' Hand zu fassen und ihn auf die Tanzfläche zu ziehen.

Erst stand er nur da. Aber dadurch war er ein Hindernis. Es war voll. Alle bewegten sich. Mittendrin zappelten ein paar von seinen gehörlosen Freunden, verirrte Fische, die sich in einem fremden Schwarm gegen die Strömung wehrten.

So sehe ich auch aus, dachte er und versuchte zu tanzen.

Aber dann schob er alle anderen aus dem Blick, konzentrierte sich nur auf Maria und dachte:

Schlangenbeschwörer.

und:

Schlangen sind taub.

Er folgte Marias Bewegung, ihren Füßen, ihren Knien, ihren Hüften, aber immer blieb er einen Takt hinter ihren Schultern, ihrer Brust, ihrem Bauch.

Er fing an zu hetzen, zappelte schneller, hastiger –

Die hol ich nicht ein, dachte er.

Das war unmöglich. So ging das nicht.

Er blieb stehen und wurde angerempelt. Er blieb trotzdem stehen. Jemand trat ihm auf den Fuß und schob sich zwischen ihn und Maria. Er musste ihr näher bleiben.

Aber es gibt doch tanzende Schlangen, dachte er. Und Schlangen sind taub.

Maria entfernte sich. Sie zog ihn in die Nähe der Band.

Er muss die Musiker sehen, dachte sie. Sie drehte ihn so, dass er zur Bühne schauen konnte.

Johannes sah, wie die Sängerin sich um das Mikrophon ringelte, links wippten die Gitarristen. Rechts aber, im Winkel seines rechten Auges, verhakte sich der Schlagzeuger. An weiten Gesten seiner Arme wirbelten die Stöcke über Trommeln und Becken.

Die Bühne für die Musiker war aus Holz, die Stufen, die hinaufführten, auch. Johannes sah seine Chance. Er schlüpfte aus den Schuhen und tanzte barfuß über die Stufen. Das Holz vibrierte mit dem Schlagzeug.

Ich komme ihr näher, merkte er.

Ihren Schultern, ihrer Brust, ihrem Bauch –

– nicht in Metern, nicht in Zentimetern –

– ihren Füßen, ihren Knien, ihren Hüften –

– in Sekunden, Zehnteln, Hundertsteln komme ich ihr näher –

Es trennte sie nur noch ein Augenblick.

Er sprang zurück auf die Tanzfläche. Seine Füße behielten das Schwingen der Holzstufen in den Sohlen.

Maria kam ihm entgegen. Sie hatte gelernt, Musik zu dehnen, zu verzögern, zu beschleunigen. Die Rhythmen und Melodien der Band waren für sie leicht vorauszuahnen, sie wusste den nächsten Wirbel des Schlagzeugs, wenn die Stöcke noch in der Luft hingen, und sie tanzte den Rhythmen um ein winziges Stückchen Zeit voraus. Johannes folgte und erreichte damit genau die Musik.

Er merkte es. Plötzlich war er im Einklang mit allen Tänzern.

Nur nicht mit Maria.

Er erschrak.

Ich erwische sie nie, dachte er.

Da ließ Maria sich einen Augenblick zurückfallen, zurück in die Musik und genau auf Johannes zu.

Schlangenbeschwörer – Zauberer – Magier – und das alles ohne Flöte, ohne Schlange aus dem Korb.

Sie waren ein Paar. Ein tanzendes Paar.

Da zeigten sie alles, was sie sonst noch konnten.

Maria hatte gelernt, eine Welle aus den Schultern fließen zu lassen, über Ellenbogen durch den Arm, über Handgelenk in die Fingerspitzen.

Johannes hatte gelernt, mit den Armen, mit den Händen zu sprechen. Seine Gebärden sagten halbe Worte, Unsinnsworte für die übrigen Gehörlosen, für alle anderen Rätsel, unlösbare Rätsel, Zaubersprüche in einer fremden Sprache. Schon war ein Kreis um die beiden, das Paar. Alle schauten gebannt, sie hatten so etwas noch niemals gesehen, und über den beiden kreiste die Glitzerkugel und sah aus, als hätte jemand die Erde in einen Regenbogen gewickelt wie in ein kostbares Geschenkpapier.

Die Band hörte auf zu spielen. Marias Arme verklangen in der Luft. Johannes stand mit dem Rücken zur Bühne. Er fühlte nach den Schallwellen. Da erst merkten beide, dass sie im Mittelpunkt standen.

«Wir spielen für euch und ihr tanzt ein Solo, okay?», sagte die Sängerin ins Mikrophon. «Was wollt ihr?»

Maria nahm Johannes' Hand und ging mit ihm zur Bühne.

«Ihr seid Profis, ja?», fragte die Sängerin. «Ihr habt das gelernt?»

Johannes verstand sie nicht. Sie hielt das Mikro zu dicht an den Mund. Das Mikrophon machte sie für ihn stumm. Es zog ihn nach rechts. Zum Schlagzeug.

«Kannst du Schlagzeug spielen?», fragte der Drummer. «Willst du's mal probieren?»

Johannes stieg auf die Bühne. Er schlug mit den Fingerkuppen auf eine Trommel und fühlte das Vibrieren. Er schlug mit dem Knöchel auf ein Becken und prüfte das Zittern zwischen Daumen und Zeigefinger. Er nahm die Stöcke und setzte sich auf den Hocker des Schlagzeugers.

Es gab nur eine bequeme Möglichkeit, die Füße zu stellen, sein rechter Fuß kam auf den Tritt für die große Trommel, sein linker auf den für das HiHat. Das irritierte ihn ein wenig. Er hatte nicht damit gerechnet, auch mit den Füßen spielen zu müssen. Seine Füße konnten nicht sprechen, aber auch sie hatten mehr gelernt als die anderer Leute, vor allem, wenn er keine Schuhe trug. Die Stöcke wurden in seinen Händen sofort lebendig. Er schickte sie einmal tastend über Trommeln und Becken. Und ließ sie tanzen. Noch einmal den Tanz mit

Maria. Er holte den Hintergrund nach vorn. Die Stöcke wirbelten und prasselten, das fiel ihm leicht, so leicht, er saß mitten in den Schallwellen, das zog in seine Füße und nahm sie mit hinein in den Rhythmus, die große Trommel und das HiHat, die kleinen Trommeln und die Becken: Johannes spielte sein Solo selber.

Danach Applaus. Das kannte er. Klatschende Hände gab es auch nach Aufführungen in seiner Schule. Er stand auf. Maria drehte sich um zu seinem Publikum. Sie breitete die Arme aus und rief:

«Das ist Johannes. Er hat noch niemals Schlagzeug gespielt, und ich liebe ihn!»

Andreas stand neben seinem Tisch und rief:

«Das ist mein Bruder Johannes, und er ist taub!»

Spät erst fuhren sie heim.

Johannes hielt seine Leinenschuhe in der Hand. Sie waren von vielen Tänzern platt getreten.

Maria ließ sich nicht wieder auf den Vordersitz schieben. Sie setzte sich nach hinten neben Johannes und legte ihre Schulter an seine, fast auch den Kopf. So fuhren sie um den dunklen See. Nur eine Fähre war noch auf dem Wasser, und an den Ufern spiegelten sich die Lichter der Orte. Alles war doppelt. Einmal beugte Maria sich vor, stützte die Arme auf Andreas' Rücklehne und sagte:

«Du. Weißt du was? Johannes ist noch viel musikalischer als du. Er ist so musikalisch wie ich. Mindestens. Er kann nur nichts hören. Das ist alles.»

Johannes sah ihren Mund im Rückspiegel, aber nur wenn sie an einer Straßenlaterne vorbeifuhren. Darum verstand er nicht alles, nur: «Johannes ist ... wie ich ...»

Aber das war ihm genug.

Am nächsten Morgen ging Johannes zu Maria und sagte: «Ich kann tanzen.»

Mitten im Wort ‹tanzen› stolperte seine Zunge hinter den Zähnen: so viele Konsonanten auf einmal! vom ‹n› zu einem ‹s›-Laut, dazwischen ein ‹t›, das man nicht sehen kann, weil man es nicht schreibt, das man aber spricht, und wieder zum ‹n›, ganz schwach dazwischen ein bisschen ‹e› – das Wort war ihm nicht vertraut, sie hatten es in der Schule nicht geübt: ‹tanzen›.

Es war bei Käfers oben im Musikzimmer. Maria saß am Schreibtisch und schrieb etwas ab aus einem Buch mit ganz normalen Buchstaben, aber Wörtern, die er nicht kannte.

Tanzen, dachte er.

Er hatte noch den Rhythmus im Auge, Marias schwingenden Körper und das Vibrieren in der Luft. Er zog die Füße aus den blassgrünen Leinenschuhen, seine Sohlen erinnerten sich, er streckte die Arme aus, seine Hände fingerten halbe Worte, Silben, sie sangen ein Lied ohne Text nur mit la la oder lei la oder hm hm hm ...

Seine Finger summten.

Tanzen, dachte er, und er dachte es in seiner Sprache mit den Armen und den Händen – ohne die stolpernde Zunge hinter den Zähnen, da passte das Wort nicht zu dem Abend gestern –, man kann auch anders tanzen, dachte er, zog die Arme an den Körper, vor die Brust und entschied: Ich werde es ihr übersetzen: tanzen ...

Maria schrieb etwas aus dem Buch ab und machte eine Liste. Sie hatte einen Plan. Sophia würde bald aus Spanien zurückkommen, zusammen mit Thomas, den sie in das Trainingslager seines Ruderclubs bringen musste. Chiaras Konzerttournee begann erst am folgenden Wochenende, sie hatte fast zwei Tage, um Sophia zu fragen: Warum machst du das? Warum hast du mir nicht gesagt, dass er nicht immer taub war? Hast du gar nichts gesungen in diesem ersten Jahr? Gibt es wirklich nur dieses eine Musikstück? Sie nannte es: ‹Concerto für Oliver, Andante für hörende Ohren im Bauch›. Bei den Schallplatten hatten sie es nicht gefunden. Sie hatte alle Titel der Schallplatten auf eine Liste geschrieben – die also waren es nicht, das schränkte die Auswahl erheblich ein. Aus dem Bach-Werke-Verzeichnis schrieb sie nun die Daten der übrigen Bachwerke ab. In vielen wurde gesungen, und Sophia hatte gesagt, auf ihrer Platte wurde nicht gesungen. Von den Stücken, die noch übrig blieben, musste sie die Noten kopieren, um Sophia die langsamen Teile vorsingen zu können, immer noch viel Arbeit, sie hatte keine Zeit zum Schwimmen, da kam Johannes und sagte: «Ich kann tanzen.»

Und Marias Bachkonzerte wurden übertönt von E-Gitarren, vom Schlagzeug und von einer Sängerin. Sie sah seine Leinenschuhe auf dem Boden steppen, an seinen ausgestreckten Armen flüsterten seine Finger.

Er stand still und sagte:

«Ich kann tanzen. Das heißt in meiner Sprache:

– er zeigte mit dem rechten Zeigefinger auf seine Brust – *‹Ich›*

– er richtete sich auf, streckte die Schultern, stand sehr gerade, schaute sie triumphierend an, mit gewinkelten Ellbogen wippten seine geschlossenen Hände kurz und entschieden nach unten – *‹Ich kann›*

– der Triumph floss aus seinem Gesicht, die Winkel aus seinen Armen, seine Augen wurden weich, die Arme lagen in einem sanften Bogen vor seinem Körper, ließen Platz für einen anderen Körper, Schultern und Arme schwangen hin und her – *‹tanzen›*.»

Was für ein Wort!

Maria erinnerte sich an eine Japanische Sopranistin, die vor Jahren ihren Vater eine Zeit lang begleitet hatte, sie hatte damals nicht gewusst, warum, Saya war da und war nett zu ihr. Maria war gerade in die Schule gekommen und lernte schreiben, und Saya zeigte ihr ganz andere Zeichen, die man nur malen konnte. Sie kannte viel schönere Buchstaben, als Maria in der Schule lernte. Maria wollte auch so schöne haben, und darum hatte sie die leeren Flächen der A und O in ihrem Schulbuch mit bunten Farben ausgemalt.

Und so etwas Ähnliches tat sie jetzt wieder:

Sie verließ die Listen mit den Fugen und Toccaten und schob ihr rotes Erdbeerhemd mit der Spitze über dem Bauch in den Hohlraum des Wortes ‹tanzen›, in Johannes' Sprache ‹tanzen›.

So standen sie, schwangen hin und her, pendelten aus, hielten still. Dicht an seinem Ohr sagte Maria: «Ich möchte mehr von deiner Sprache lernen. Sie ist schöner als unsere.»

Das hörte er nicht, aber an der wechselnden Wärme ihres Atems merkte er, dass sie sprach.

So standen sie, bis er wieder anfing zu schwingen, als hätte er eine Melodie gehört und sie nicht. Er ließ die Arme sinken, schaute sie an.

Viel schöner, las er von ihren Lippen. Aber er wusste nicht was.

Muttersprache

Der nächste Tag war für Maria Abschied, für Johannes Ankunft. Am Nachmittag brach Harald Käfer zu seiner Konzertreise durch Japan auf, am Abend sollte Sophia aus Spanien zurückkommen. Immer wenn Maria sich für längere Zeit von ihrem Vater trennen musste – und das kam oft vor –, merkte sie, wie er ihr fehlte.

Spät am Abend, es wurde schon dunkel, kamen Sophia und Thomas. Bailando war verrückt vor Freude, rannte hin und her, vom einen zum anderen, sprang an allen hoch und wollte Sophia unbedingt das Gesicht lecken. Auch Johannes lief hin und her, trug Sachen aus dem Auto, die nicht so bald gebraucht wurden, und stellte sie irgendwohin, wo niemand sie wiederfand.

«Die Paella», sagte Sophia, «und die Kühltasche mit dem Fisch. Alles andere kann im Auto bleiben. Wir packen morgen aus. Ich bin müde.»

Johannes nickte, schleppte einen Karton mit Büchern ins Wohnzimmer und verstreute Sand. Sie saßen noch eine Weile im Wohnzimmer. Bailando schaffte es, mit dem größten Teil seines Körpers auf Sophias Schoß zu liegen, der Rest baumelte vom Sofa herunter.

Maria schaute zu. Sie war hier fremd, hatte mit all dem nichts zu tun. Sie stellte eine Kiste Wein erst in den Flur, dann in die Küche, dann in das Wohnzimmer und setzte sich in einen Sessel. Thomas nervte sie. Er redete dauernd über Autos. Es war sehr hell. Andreas hatte alle Lichter angemacht, damit Johannes von den Lippen lesen konnte, aber der hing glücklich in seinem Sessel und schaute nirgendwohin. Auch

Sophia hatte die Augen halb geschlossen. Sie streichelte den Hund.

«Mercedes ist irre», sagte Thomas schon wieder, und seine Augen rollten hinter den Brillengläsern.

Andreas lachte.

«Der Kleine hat's endlich auch gemerkt», sagte er und beugte sich vor, «he, Johannes, der Kleine hat's endlich auch gemerkt.»

«Mercedes», lispelte Thomas, «Mann, die ist irre.»

Und Maria fiel ein: Mercedes Sosa, das war eine dicke spanische Sängerin mit einer Stimme wie ein kleiner Junge, aber von der sprach Thomas nicht, ebenso wenig von einem Auto.

«Du bist auch auf sie abgefahren», sagte Thomas, «total!»

«Ahhhh – Mercedes ...», sagte Johannes.

Und was Maria am meisten erschreckte war, dass er den Namen völlig korrekt aussprechen konnte, sogar der Lispel-Laut gelang ihm perfekt, viel besser als das ‹r› von Maria. Mag sein, er hatte sich mal für schicke Oberklassewagen interessiert, aber dabei hatte er das Lispel-s bestimmt nicht gelernt. Maria krallte die Hände in die Polster.

Heimgehen musste sie allein. Johannes blieb in seinem Elternhaus. Sie stand auf, sagte: «Ciao» und winkte. Thomas und Andreas hatten es gehört, Johannes hatte es nicht gesehen. Andreas stieß ihn an, da schaute er auf, mitten aus seinen Brüdern, strahlte sie an und sagte: «Bis morgen.»

Sophia brachte sie zur Tür.

«Du hast mich belogen», sagte Maria. «Johannes konnte hören, fast ein Jahr.»

«Ah», sagte Sophia, «hat Andreas erzählt?»

Maria nickte.

«Warum machst du das?», fragte sie.

«Ich erklär es dir mal», sagte Sophia, «aber nicht jetzt.»

«Hast du Musik gehört in dem Jahr?», beharrte Maria. «Irgendwas?»

«Nein», sagte Sophia, «keine Musik. Es gibt nur dieses eine Stück. Und das fällt mir nicht wieder ein.»

Im Hintergrund hörte sie Andreas lachen, Thomas «Mercedes» sagen und Johannes: «Man sieht das also auch mit Brille.»

«Wenn ich es dir vorsinge oder spiele», fragte Maria, «erkennst du es dann?»

«Vielleicht», sagte Sophia, «kommst du zum Frühstück morgen? So um neun?»

Maria nickte und ging. Sie knallte die Tür hinter sich zu.

Maria schlief schlecht in dieser Nacht. Sie stand auf, ordnete ihre Notizen und Noten, legte alles in eine gelbe Faltmappe, schlug noch ein paar Melodien nach, summte sie leise und dachte: Warum mach ich das? Wenn er doch Mercedes so viel besser sprechen kann als Maria. Warum mach ich das?

Irgendwann schlief sie ein.

Am nächsten Morgen ging sie früh zu Beers, mit der gelben Mappe und einem Xylophon. Sie ging durch den Garten und erschrak, als sie auf der Terrasse Bewegung sah. Johannes saß auf dem Holztisch. Sophia lehnte an der Terrassentür. Es war völlig still, aber sie unterhielten sich. Maria stand hinter dem Sommerflieder, lila Blüten im Gesicht und Schmetterlinge überall.

Sie hörte Vögel, Amseln und ein schimpfendes Rotschwänzchen, vielleicht schlich eine Katze durch die Wiese, aber es kam kein Laut von den Sprechenden – und Maria sah den Unterschied: Johannes und Sophia unterhielten sich nicht mit jenen Gebärden, mit denen sie ihr Sprechen sonst begleiteten und unterstützten. Dies war eine andere Sprache. Nicht ganz anders, nicht ganz. Sie erkannte viele Gebärden wieder, die er ihr gezeigt, die sie ihm abgeschaut hatte, aber dies unterschied sich von seinen gewohnten, die Sprache begleitenden Gebärden wie –

Maria stand zitternd hinter dem Sommerflieder

– wie Sprechen von Singen.

Johannes sang. Mit den Händen.

Seine Gebärden im Schlaf fielen ihr ein, vor ein paar Tagen in der Hängematte, und das Flüstern und Summen seiner Finger, das sie manchmal in ihrer Hand fühlte.

Das war lautlos, wortlos, aber nicht sprachlos.

Das also, dachte sie, ist seine Sprache.

Ob er so denkt, überlegte sie. Kann man so denken?

Und dann merkte sie, dass sie verstand. Sie hätte nicht wiedergeben können, was die beiden sagten, es nicht übersetzen können in ihre Sprache, aber sie hätte es singen können, sie hätte mitsingen können, wortlos.

Johannes legte die linke Hand auf die Brust über das Herz und die rechte im flachen Winkel schräg darüber. Maria erinnerte sich. Diese Bewegung hatte sie auch einmal gemacht, ohne Absicht, nur weil sie den Zettel in der Brusttasche hatte, an dem einzigen Tag in diesem Sommer, an dem sie eine Jacke getragen hatte, als Regen fiel. Auf dem Zettel hatte gestanden, dass ungeborene Kinder hören können, und Sophia hatte gesagt: Das ist die Lösung. Maria, verborgen hinter dem Sommerflieder, das Xylophon in der einen, die gelbe Mappe in der anderen Hand, konnte die Gebärde nicht nachmachen, obwohl sie es gern, so gern getan hätte, und sie dachte: Das kann doch nicht ‹Lösung› heißen! Das kann doch nicht sein. Das muss mindestens ‹Harfe› heißen, mindestens. Aber vielleicht gibt es das Wort ‹Harfe› in dieser Sprache gar nicht. Und auch kein ähnliches. Was heißt es dann?

Johannes, das sah sie, konnte diese Sprache besser als seine Mutter, er sprach sie fließender, sie strömte durch seine Arme, floss durch seine Hände, über sein Gesicht huschten Freude, Zweifel, Trauer, Triumph wie ein Wechselspiel von Licht und Schatten, Sonne, die durch Blätter scheint, wenn sie schwanken im Wind.

Maria dachte – und das tat weh: Warum zeigt er mir das nicht? Ich würde es lernen. Und mit ihm singen.

Und Maria glaubte: Das also ist seine Muttersprache. Weil er sie mit seiner Mutter und nur mit seiner Mutter spricht.

Das wollte sie einsehen. Sie wollte versuchen, das zu verstehen. Es fiel ihr schwer.

Sie nahm das Gesicht aus dem Sommerflieder. Zurück ging sie am Wiesenrand, nicht über den Kiesweg. Lautlos wie ein Indianer schlich sie zur Straße und läutete an der Haustür.

Andreas öffnete. Er verstand sofort, was sie mit dem Xylophon wollte.

«Ich möchte dir helfen», sagte er, «aber wie machen wir das? Ich meine, wegen Johannes?»

Thomas stürzte sich auf das Xylophon und hämmerte ganz fürchterlich darauf herum. Johannes kam von der Terrasse herein, er sah sie und griff mit seiner rechten Hand um seine linke, er war noch ganz in seiner Sprache und fand die andere nicht so schnell. Maria verstand nicht. Er kam auf sie zu und legte seine rechte Hand über ihre linke – mit derselben Gebärde –, und schon war dieses Wort übersetzt in alle Sprachen dieser Welt: Hallo! Grüß dich! Dabei hielten seine Finger ihre Hand ein wenig zu lang, ein klein wenig länger, als nötig war, die Gebärde zu verstehen. Und schon hieß das: Ich freu mich, dass du hier bist.

Maria dachte: Das geht mit unserer Sprache so nicht.

Sie wünschte sich, sie könnte diese Sprache lernen.

Sie deckten den Frühstückstisch auf der Terrasse. Sophia schaute abweisend auf das Xylophon und wartete, bis Johannes den Tee hinaustrug.

«Wir müssen ihm sagen, was du damit willst», verlangte sie.

Maria schüttelte den Kopf.

«Nein. Er darf es nicht wissen, sonst *denkt* er. Du findest eine Melodie nie mit dem Kopf. Sie kommt immer aus dem Bauch.»

«Lass sie», sagte Andreas, «es ist irre, was sie machen kann mit ihrer Musik. Und du hast Johannes nicht gesehen. Wie er tanzt. Und an dem Schlagzeug.»

«Und du hast ihn nicht gehört», sagte Maria. «Am Schlagzeug. Man muss ihn hören.»

«Schlagzeug ist Rhythmik», sagte Sophia. «Rhythmik lernen sie in der Schule. Das geht. Sie spielen da rhythmische Instrumente. Aber keine Melodie.»

«Beethoven war doch auch taub», sagte Andreas, «Beethoven war taub, hat Maria erzählt.»

«Und Smetana», ergänzte Maria.

«Und Smetana!», triumphierte Andreas. «Wer ist das?»

«Die haben das Gehör viel später verloren», sagte Sophia, «in denen waren die Melodien drin. Und wenn sie einmal drin sind, geht alles.»

«Genau!», sagte Maria. «Und in Johannes ist auch eine Melodie drin. Diese eine!»

Sie trug ihre Sachen hinaus und legte sie in die Hängematte. Wenn Johannes sich auf seinen Lieblingsplatz setzte, würde er ihr den Rücken zukehren. Sophia kam zu ihr.

«Ich will das nicht», sagte sie, «hinter seinem Rücken.»

«Ich singe und spiele», sagte Maria, «das ist alles. Und nur wenn ich' s treffe, schaust du mich an.»

«Wozu braucht er Musik?», fragte Sophia. «Er kann singen. Mit den Händen. Wozu braucht er eine Melodie?»

Maria wusste nicht, wie sie zu der gelben Mappe und dem Xylophon in die Hängematte steigen sollte. Sie war plötzlich sehr traurig.

«Ich will ihm nur zeigen, wo ich lebe», sagte sie. «Warum verstehst du das nicht?»

Sophia nickte.

«Ich versuche es», sagte sie. «Es war eine Melodie wie für ein Kinderlied, so eine ganz leicht getupfte Melodie.»

«Und du bist sicher, dass es Bach war?», fragte Maria.

«Ja», sagte Sophia und half ihr in die Hängematte.

«Hast du keinen Hunger?», fragte Thomas.

«Ich hab schon gegessen», behauptete Maria.

Dann sang und spielte sie entlang ihrer Liste.

– Largo ma non tanto – Konzert für zwei Violinen

Sophia rührte in ihrem Tee.

– Adagio – für Violine und Oboe

Sophia schmierte ein Brötchen.

– Adagio ma non tanto – für Cembalo, Violine und Flöte

Sophia entschied sich für Erdbeermarmelade.

Beim Andante eines Cembalokonzertes zuckte Sophia zusammen.

Maria wiederholte.

Sophia wechselte einen Blick mit Andreas, der schüttelte leicht den Kopf. Also nein. Maria glaubte ihm.

Und so ging es weiter. Nichts.

Nur Johannes drehte sich um fragte: «Was machst du da?»

«Ich suche ein Musikstück.»

«Und das isst du zum Frühstück?»

«Ich muss es bis morgen gefunden haben.»

«Und warum suchst du es hier?»

«Ich möchte bei dir sein.»

Johannes nickte.

Zu drei Tassen Tee, einer Erdbeersemmel und einer weiteren roten – Johannisbeer? – sang Maria langsame Sätze von Bach, aber keiner davon war das ‹Andante für hörende Ohren im Bauch›. Dann war Sophia satt, Thomas und Johannes aßen vier Brötchen, brauchten dafür aber nicht länger, Maria hatte die Hälfte ihrer Titel durchgestrichen, das Frühstück war zu Ende.

Maria saß in der Hängematte, das Xylophon auf den Knien, sie hatte Melodien gespielt und gesungen, die sie liebte. Sophia hatte dazu ihren Tee umgerührt, Thomas hatte geschmatzt, Johannes auch, aber er hatte sie ja auch nicht gehört. Nur Andreas kam zu ihr und sagte: «Sing das noch einmal. Das allererste. Das war so schön.»

Maria schaute ratlos auf ihre Listen, sie war noch nicht fertig. Andreas half ihr und schlug vor: «Wir räumen den Tisch ab. Thomas und Johannes gehen mit dem Hund.»

Johannes schaute Maria an.

«Sie muss arbeiten», sagte Andreas. «Maria ist freigestellt vom Tischabräumen und vom Hundausführen.»

Maria schaute ihn dankbar an und ordnete ihre Papiere. Aber als die Jungen gingen, hörte sie erst Thomas, dann Johannes sagen: «Mercedes.»

Darüber reden sie die ganze Zeit, dachte sie, sie gehen mit dem Hund, reden über Mercedes, und er zeigt mir seine Sprache nicht.

Sie zerriss ein paar Zettel, knüllte andere zusammen, warf sie Andreas zu, der den Abfall sammelte.

«Bist du sicher, dass du die richtigen wegwirfst?», fragte er.

Aber Maria wusste nicht mehr, was falsch und was richtig war.

«Egal», sagte sie, «es geht ja doch nicht.»

«Komm», sagte Sophia, «wir machen etwas anderes, solange

Johannes weg ist. Ich erzähle dir jetzt die Geschichte von den Händen.»

Andreas ließ den Abfall liegen, Brötchenkrümel, Käserinden, Joghurtbecher, Notenlisten.

«Hände?», fragte er.

«Ja», sagte Sophia.

Hände

Johannes lächelte nicht.

Über seinem Wickeltisch hing ein Plakat, mit dem alle jungen Mütter die Säuglingsstation verließen: ‹Die Entwicklung eines normalen Kindes›, daneben eine Skala, die Stefan im Institut am Computer hergestellt und gedruckt hatte – er war einer der Ersten, die mit diesem Gerät umgehen konnten –: Johannes' Lebensalter, in Tagen gemessen, in Wochen, in Monaten. Da wurde eingetragen, was er tat, was er konnte.

Die Skala und das Plakat stimmten nicht mehr überein. Johannes war dreieinhalb Monate alt und sollte lächeln.

Mit drei Monaten lächeln Babys, wenn man sie lächelnd anschaut. Sie erkennen noch keine Gesichter, sie erkennen das Lächeln, und sie lächeln zurück. Johannes war dreieinhalb Monate alt, Sophia beugte sich über ihn – wie viele Male täglich? – und lächelte direkt in seine Augen, die das dunkle Grau des Neugeborenen verloren und heller wurden und blau, aber sein Mund blieb starr, wie sehr Sophia auch lächelte und lächelte.

Sophia hatte Angst.

In der Klinik, in jenen Tagen, als aus Oliver Johannes wurde, hatte sie keine Angst gehabt. Er hatte neben ihr gelegen, an ihrer Brust genuckelt, geschmatzt und geschlafen, er war zufrieden gewesen, als Oliver, der gesund war, und als Johannes, der – vielleicht – eine Behinderung hatte, er war glücklich gewesen und sie auch.

Drei Monate später lächelte er nicht, und sie hatte Angst.

Sie trug ihn auf den Armen herum, auf ihren Handschuhhänden, auf ihren zusammengeklebten Fäustlingsfingern und musste aufpassen, dass er ihr nicht hinunterfiel. Sobald Stefan nach Hause kam, musste er zu ihm gehen und ihn anlächeln, und immer war es vergebens.

Zwischen dem Plakat ‹Entwicklung eines normalen Kindes› und Stefans Skala hätte noch eine Liste hängen müssen: ‹Kennzeichen eines geschädigten Hirns›. Aber die war nur in Sophias Kopf, und sie kontrollierte jeden Tag:

– halbseitige Lähmung –

hat er nicht,

– zu still –

ist er nicht,

– Trinkschwäche –

Johannes wurde jedes Mal nach dem Stillen gewogen, und wenn er nicht die vorgeschriebene Menge getrunken hatte, rannte Sophia unruhig durch die Zimmer und Andreas ging ihr aus dem Weg.

Es kam auch vor, dass Johannes schrie.

– schrilles Schreien –

stand auf der Liste in Sophias Kopf.

«Alle Babys schreien», sagte Stefan.

Und Johannes zappelte.

«Alle Babys strampeln», sagte Stefan.

War das Strampeln? Oder war es das verkrampfte Zappeln des Spastikers?

Und er lächelte nicht.

«Ich hatte auch Angst», sagte Andreas, «ich verstand das alles nicht, nur so viel, dass man irgendetwas machen musste, das auf diesem Plakat stand. Und da war ein Baby drauf, das auf dem Boden lag und den Kopf hob. Mit ich weiß nicht wie viel Wochen können sie den Kopf heben. Ich habe dann immer auf dem Teppich gelegen, auf dem Bauch und habe den Kopf gehoben. Ich wollte dir eine Freude machen, aber du bist nur über mich hinweggestiegen.»

«Ich war völlig konfus», sagte Sophia.

«Und dann sind wir dahin gefahren», sagte Andreas.

«Ja» – Sophia tat, was Johannes damals nicht gekonnt hatte, sie lächelte, «und dann sind wir dahin gefahren ...»

«Wohin?», fragte Maria.

Es war ein schönes Haus mitten im Wald, ziemlich neu, aber nicht aus Glas und Beton, viel Holz, etwas verwinkelt, Sophia verlief sich und fand das Sekretariat nicht sofort, aber es gefiel ihr.

Sie hatte eine Entscheidung getroffen.

Angst, dachte sie, hat man nur vor Dingen, die man nicht kennt.

Johannes und Andreas hatte sie mitgenommen.

Im Sekretariat trafen sie Frau –

«Ich habe vergessen, wie sie hieß», sagte Sophia, «von den Kindern weiß ich noch alle Namen, aber von der Frau nicht. Du weißt es natürlich auch nicht mehr?»

«Keine Ahnung», sagte Andreas. «Nenn sie Müller, dann ist die Wahrscheinlichkeit, dass es stimmt, am größten.»

Frau Müller führte sie in das Spielzimmer. Vor der Tür hörten sie durchlöcherte Musik, die klang wie ein Mosaik, aus dem viele Steine herausgefallen waren. Sie gingen hinein und sahen als Erstes Elisabeth. Die saß auf dem Po und rutschte über den Holzboden. Sie hatte dünne aschblonde Haare und ein rundes flaches Gesicht, als hätte sie jemand gemalt, der nicht richtig perspektivisch zeichnen konnte. Sie hatte beide Beine angewinkelt, ruderte mit dem rechten Unterschenkel und glitt in beachtlichem Tempo über das Parkett. Andreas starrte ihr nach. Wenn die aufstehen würde, wäre sie größer als er.

Olaf war noch größer. Er war mindestens neun. Er saß auf dem Boden und blätterte in drei Bilderbüchern. Als er Andreas sah, stand er sofort auf, ging auf ihn zu, nahm seine beiden Hände und zog ihn mit sich zu den Büchern.

«Liest du mir was vor?», fragte er.

Andreas wunderte sich. Da war vieles, worüber er sich wunderte, am meisten aber darüber, dass er mitten unter fünf Kindern saß und eines seine Hände hielt.

Im Kindergarten saß er immer abseits, die Hände unter die Oberschenkel gepresst und wartete, bis die Kindergärtnerin kam und sagte:

«Na, Andreas, willst du nicht ...?»

Andreas wollte nicht, aber er ging dann mit.

Olaf schob ihm mit der rechten Hand die Bücher hin, mit der linken hielt er immer noch Andreas, oder Andreas hielt ihn. Olafs Mund war etwas schief und stand offen, sein Gesicht war rot und seine Hand warm.

«Ich kann noch nicht lesen», sagte Andreas.

«Schade», sagte Olaf. «Kann die lesen?»

Er zeigte auf Sophia.

Andreas nickte.

Etwas abseits saß Bruno. Er war fast so alt wie Olaf. Bruno spielte und hatte wahrscheinlich nicht einmal bemerkt, dass jemand gekommen war. Er legte Bauklötze übereinander, den blauen auf den grünen und den roten auf den blauen und den grünen auf den roten. Seine Hand zitterte. Der grüne Bauklotz schwankte über dem Stummelturm, kreiste wie ein Bussard über der Maus, wollte stürzen, Bruno fasste mit der linken Hand das Gelenk der rechten und zwang sie, sich langsam zu senken, sich langsam zu öffnen, der grüne Klotz glitt auf den roten, etwas schräg, aber er blieb liegen, ein Turm! Bruno blickte auf. Andreas sah sein glückliches Gesicht. Bruno breitete die Arme aus, ganz weit und mit einer verwirrend anmutigen Geste und sagte: «Schau!»

Unter dem Fenster lag Daniel, das Morgenlicht in seinen Engelslocken. Andreas sah seinen Kopf von hinten. Er lag auf dem Rucken, hatte die Ellbogen aufgestützt und den Kopf gehoben. Er wippte etwas hin und her, warf sich auf den Bauch, dass die blonden Locken flogen. Sie rahmten ein Schmerzgesicht. Die Augen schmal, die Lippen über die Zähne gekrampft, robbte Daniel auf Olaf und Andreas zu. Er kam nur langsam vorwärts und keuchte. Elisabeth flitzte rudernd an ihm vorbei. Daniel erreichte Andreas, warf sich mit einem Ruck herum, sein Oberkörper flog hoch, kippte, Olaf schob Andreas auf ihn zu, und der fing Daniel auf, Rücken an Rücken.

Daniel sagte: «Gut!»

Andreas spürte, wie Daniels Schultern sich entspannten, und er dachte, dass Augen und Lippen jetzt sicher groß würden und weich, so wie die Locken rund um das Gesicht.

Die durchlöcherte Musik, die sie schon von außen gehört hatten, kam von Thekla –

«Tessa!», sagte Andreas.

«Natürlich! Tessa!», sagte Sophia. «Wie konnte ich den Namen vergessen, ausgerechnet den! Tessa ...»

– sie saß an die Wand gelehnt und strich über eine Leier, der Saiten fehlten. Dazu sang sie lauter kleine Töne und manchmal einen langen, wenn sie einen gefunden hatte, der ihr gefiel. Dann schaute sie von der Leier auf, und der Ton wurde laut. So entdeckte sie Johannes, und der Ton brach ab.

Tessa rief: «Ein Baby!»

Sie hob die Hände.

«Vorsicht!», sagte Frau Müller.

Über Tessas Gesicht lief ein schlimmer Schreck. Sie schaute hinunter und schaute zu, wie ihr die Leier vom Schoß fiel, ihre Hände blieben gestreckt, auf Johannes gerichtet, die Leier schepperte auf das Parkett.

Frau Müller ging hin, hob sie auf, strich über ein paar heile Saiten und sagte: «Ist gut. Klingt. Hörst du?»

Tessa lachte.

«Ein Baby», sagte sie und stand auf.

Sie schob ihren Rücken die Wand hinauf und ging mit ausgestreckten Armen auf Sophia zu, ihr Kopf wackelte ein wenig, es sah aus, als ziehe sie sich voran und hielte sich im Gleichgewicht an einem Seil, das an Johannes angebunden war. Da kamen zuerst ihre Hände an. Langsam zog sie den Körper nach, die Ellbogen winkelten sich, sie drehte die Handflächen nach oben, und Sophia legte ihr das Kind in die Arme.

«Ein Baby», sagte Bruno und stieg über seinen Turm, ohne einen Klotz hinabzuwerfen.

«Wo?», fragte Daniel. Sein Rücken zitterte an Andreas' Schultern. Er stieß sich ab, ließ sich auf den Bauch fallen und robbte zu Sophia. Elisabeth überholte ihn.

«Ist das deins?», fragte Olaf.

Andreas nickte. Zum ersten Mal in seinem Leben war er stolz.

«Darf ich es streicheln?», fragte Olaf.

Andreas nickte.

Bruno hielt die Hände auch unter Johannes. Elisabeth streckte die Arme nach ihm aus. Daniel konnte nicht einmal das.

Tessa kniete sich auf den Boden, Bruno stützte Johannes, und sie legten ihn mitten in die Kinder. Olaf streichelte ihm den Kopf mit der rechten Hand, mit der linken hielt er immer noch Andreas. Daniel sah aus, als täte ihm nichts weh. Tessa fing wieder an zu singen.

Und dann beugte sich Frau Müller über die Köpfe der Kinder, schaute auf Johannes und rief: «Aber er lächelt ja! Was haben sie nur, Frau Beer, er lächelt doch.»

Sophia sah es, und da fragte sie sich zum ersten Mal, wer –

«Damals», sagte Sophia, «habe ich mich zum ersten Mal gefragt: Wer ist hier eigentlich behindert? Diese Kinder? Oder ich?»

Johannes lächelte. Olaf kitzelte ihn, und Johannes lachte. Frau Müller schaute ihn sehr genau an.

«Ich glaube nicht, dass Sie wiederkommen», sagte sie, «ich glaube es nicht.»

«Vielleicht komme ich wieder», sagte Sophia, «weil es hier schön ist.»

«Wir sind nie wieder hingegangen», sagte Andreas.

«Ich dachte, du hättest Angst gehabt vor den Kindern», sagte Sophia.

«So ein Unsinn! Wie kommst du darauf?»

Draußen bellte Bailando.

Maria sagte: «Danke.»

Sie stand auf, sammelte ihre zerknüllten Notenlisten aus den

Joghurtbechern und den Käseresten, strich sie glatt und legte sie wieder in ihre gelbe Mappe.

«Ich muss gehen», sagte sie, «jetzt muss ich wirklich arbeiten, meine Mutter am Klavier begleiten, nächste Woche ist ihr erster Liederabend mit deutschen Liedern, das ist sehr wichtig für sie, und sie hat immer noch Probleme mit der Aussprache.»

Das Telefon klingelte. Andreas nahm den Hörer ab.

«Ja», sagte er, «die ist hier.»

Er gab Maria den Hörer.

«Deine Mutter.»

Maria sprach schnell, sprach italienisch, sagte: «Pronto!», und legte auf.

«Wir müssen nach München», erklärte sie, «heute noch. Meine Mutter muss eine Opernpartie übernehmen. Für eine Kollegin, die ist krank geworden. Verdi. *Troubadour.* Azuncena. Das hat sie drauf. Aber die müssen sie in die Inszenierung einweisen. In drei Stunden sollen wir da sein.»

«Dann komm ich mit Johannes nach», schlug Sophia vor. «Ich bringe Thomas ja auch in die Nähe von München. Übermorgen, okay?»

Maria nickte.

«Erklär es Johannes, bitte. Ich kann jetzt nicht warten. Ich ruf an und sag euch, in welchem Hotel wir sind.»

Sie nahm ihre Mappe. Sophia brachte sie zur Tür.

«Und wieso war das nun die Geschichte von den Händen?», fragte Maria.

«Oh!», rief Sophia. «Nein! Das war noch nicht die richtige Geschichte von den Händen. Die kommt danach. Aber ich erzähle sie. Bestimmt. Tut mir leid.»

«Macht nichts», sagte Maria, «es war eine schöne Geschichte.»

Sie öffnete die Haustür. Der Hund lief ihr entgegen. Die Straße herunter kamen Johannes und Thomas. Maria winkte ihnen zu und sprang die Stufen hinunter.

«Warte!», rief Sophia.

Sie kramte in ihrer Hosentasche und zog einen klein zusammengefalteten Zettel heraus.

«Da», sagte sie und hielt ihn Maria hin, «aber erst öffnen und lesen, wenn du allein bist. Und niemandem sagen. Ja?»

Maria, die wusste, wie aufgeregt und hektisch ihre Mutter jetzt durch das Haus rannte, nahm den Zettel und schob ihn in die gelbe Mappe.

Sie nickte nur und ging.

Und so konnte es geschehen, dass sie erstens das Xylophon vergaß, zweitens Sophias Zettel nicht öffnete, drittens Johannes den Inhalt seiner ersten Oper nicht erzählen konnte und viertens in der Eile eine Hose einpackte, die längst in die Wäsche gehörte. Denn die hatte einen Fleck, einen Sojasoßenfleck, der aussah wie eine Achtelnote. Und die kleine Schachtel mit den Ohrenstöpseln war auch noch in der Tasche.

Maria war fort. Johannes war traurig, ein wenig, nicht sehr. Er war noch zu Käfers hinübergegangen, um zu helfen, und stand da überall im Weg herum. Chiara redete die ganze Zeit italienisch, das sah Johannes an ihren Lippen. Er versuchte italienisch nachzusprechen.

Maria lachte. «Das ist gut», sagte sie, «das ist gut.»

Er spürte Chiaras Unruhe und dass er störte, Maria musste ihn immer wieder bei den Schultern fassen und woanders hinschieben, wo er etwas weniger störte, aber sie machte das so langsam und hielt ihn dabei so überflüssig lange fest, dass er gern weiter störte. Es war wohl auch so, dass Maria gern gestört wurde. Dabei sagten ihre Lippen: Du fehlst mir. Du fehlst mir. Und Johannes sagte mit einem schönen weichen stimmhaften ‹b›: «Bis bald. Bis bald.»

Schließlich aber war Maria winkend ins Auto gesprungen, und Chiara hatte in der 30 km-Zone von 0 auf 80 beschleunigt.

Jetzt waren sie fort, und Johannes genoss es, traurig zu sein in so viel Glück. Zwei Tage ohne Maria. Das konnte er gut aushalten. Das war wie zwei Tage schlechtes Wetter in solch einem Sommer. Zwei Tage Regen, und die Sonne ist wieder doppelt so schön. Er ging nach Hause.

Im Wohnzimmer standen das Telefon und das Xylophon, zwei für ihn unbrauchbare Geräte, aber eines davon gehörte Maria. Er nahm einen der beiden Schlegel, schlug ein paar Holztasten an, hielt die Fingerkuppen darüber, sie fast, aber doch nicht berührend. So spürte er das Vibrieren, und das Zittern lief durch ihn hindurch, denn es war ein Teil von Maria. Dann nahm er beide Schlegel und klopfte, nichts denkend, nichts hörend, auf dem Xylophon herum, bis er fühlte, dass jemand neben ihm stand.

Sophia zitterte auch.

«Spiel das noch einmal», sagte sie.

Aber Johannes wusste nicht, was er gespielt hatte, auch nicht, dass er gespielt hatte.

«Was?», fragte er. «Warum? Was?»

Sophia nahm ihm die Schlegel aus den Händen, schlug erst mit beiden, das ging gar nicht, dann mit einem, das war nicht viel besser. Sie ließ die Stöcke sinken, klopfte mit den Fingern auf das Instrument. Da waren so viele Melodien drin, sie wollte doch nur eine, aber die gab es nicht her, und fast – fast – hätte sie es eben gehabt, so ein feines, weiches Tupfen. Es waren doch nur drei Töne gewesen, die Johannes vorhin gespielt hatte, drei Töne in einer bestimmten Reihenfolge, in einem bestimmten Rhythmus – das musste man doch wiederholen können, der Rest passierte dann in ihrem Kopf und wäre fast passiert –

«Drinnen noch, innen noch», sagte sie.

Johannes sah es im Spiegel und verstand nicht.

«... tanzt Oliver», sagte Sophia.

Johannes wunderte sich.

«Bauchtanzbaby.»

Da sang sie es schon, Johannes hörte es nicht, und Sophia merkte es nicht.

Aber Andreas. Der stand in der Tür.

«Was singst du da für einen Quatsch?», fragte er.

Sophia zuckte zusammen.

‹Schlafe selig und süß›, Andreas dachte an die unleserlichen Grüße, die seine Mutter ihm geschickt hatte.

«Na ja», sagte er. «Sing es noch mal.»

Sophia summte, drei Töne, vier, dann verlor sie die Melodie.

Aber nicht Andreas. Er sang ohne Worte: ‹Concerto für Oliver, Andante für hörende Ohren im Bauch›.

«Mein Gott», flüsterte Sophia, und: «Ich wusste nicht, dass du das kannst.»

«Was?», fragte Johannes.

Andreas brach ab. Mitten im Takt.

«Das dürfen wir nicht», sagte er. «Das muss sie selber tun.»

«Was?», fragte Johannes.

«Ich weiß nicht», sagte Sophia, «ich will nicht ... ich weiß nicht, ob das gut ist. Kannst du's behalten? Ich behalte das nicht.»

«Ich denke, ja», sagte Andreas. «Ja, ich glaube. Ich hoffe. Aufschreiben kann ich es nicht.»

«Was?», fragte Johannes.

«Sing es auf Kassette», sagte Sophia.
Und Johannes fragte: «Was?»
Aber weder Sophia noch Andreas gaben ihm eine Antwort.
Jetzt war er richtig traurig. Anders als vorher.

Geschrei

Sophia brachte Thomas zum See in der Nähe von München und Johannes direkt zum Opernhaus. Es war noch hell. Sie fand keinen Parkplatz und musste den Wagen ins Parkverbot stellen. Es war kurz vor Beginn der Vorstellung. Bailando tobte. Er wollte nicht allein im Auto bleiben. Sophia und Johannes eilten durch die vollen Straßen. Er zupfte an seinem Jackett. Seine Hände schimpften: «Das ist zu eng. So kann man nicht reden.»

Sophia sagte: «Du siehst aus wie meine armen Brüder.»

«Die mussten aber nicht mit den Händen reden», zappelte er. «Für die war das nicht so schlimm, wenn ihnen so was die Arme einquetschte.»

«Doch», sagte Sophia, «schlimmer. Die hatten die Kehle zugeschnürt. Strick um den Hals. Schlips. Krawatte.»

Vor der Oper kam ihnen Maria entgegen. Sie sah nicht viel anders aus als sonst.

Maria war da. Keine Zeit für schlechte Laune.

Sophia ging sofort. Das Auto stand im Parkverbot. Außerdem galt es zu verhindern, dass Bailando wieder einen Sicherheitsgurt fraß. Sie musste Johannes' Gepäck ins Hotel bringen und wollte dann gleich zurückfahren.

Im Foyer der Oper war es leer. Die meisten saßen schon im Zuschauerraum. Johannes gefiel das Foyer. Dort war es sehr hell. Er ging hinter Maria her zu ihren Plätzen. Dabei konnte sie ihm nicht viel erzählen. Sie sagte nur: «Es gibt *Troubadour*, Verdi, meine Mutter singt die Azuncena.»

Damit wusste Johannes nicht mehr als vorher. Er war auf das, was da auf ihn zukam, überhaupt nicht vorbereitet.

Es fing damit an, dass das Licht ausging, als sie ihre Plätze erreichten. Dunkel. Was sollte er in diesem Raum? Immerhin, auf der Bühne war Licht. Aber was es beleuchtete, ergab für ihn keinen Sinn. Da liefen Leute herum, rissen den Mund auf und ließen ihn weit auf. Genauso fürchterlich fuchtelten sie mit ihren Armen herum. Am schlimmsten war eine alte, kleine, dicke Frau, die immer zwischen zwei Männern hin und her rannte. Die beiden Männer verhauten sich dauernd mit ihren Schwertern, und die kleine Dicke fiel bei jeder Gelegenheit dem hässlicheren der beiden um den Hals. Dann rissen sie den Mund auf. Chiara erkannte er erst, als Maria ihm ein Zeichen gab. Sie war auf alt geschminkt und in bunte Lumpen gehüllt. Und alle, auch Chiara, machten hinter den aufgerissenen Mündern die komischsten Gesichter. Johannes konnte nicht anders, er musste lachen.

Das war ziemlich schlimm. Denn natürlich lachte Johannes laut. Gerade als der Dirigent die Streicher zurücknahm, um das Piano der kleinen Dicken nicht zu stören. Nichts fiel Johannes so leicht wie Lachen. Lachen saß immer locker in seiner Kehle, war überhaupt nicht anstrengend, klang ganz normal und war immer laut. Im Zuschauerraum war es vollkommen still. Dass die hinter und neben ihm ihn wütend anzischten, merkte er nicht. Aber die vor ihm drehten sich um und schauten ihn böse an. Johannes versuchte das Lachen zu unterdrücken oder wenigstens ganz leise zu lachen. Nur, wie sollte er merken, ob ihm das gelang? Erst als er Marias vollkommen entsetztes Gesicht sah, da war es mit dem Lachen vorbei.

In der Pause sagte er: «Ich will hier weg.»

Aber das ging nicht. Er wusste nicht einmal, wo das Hotel war. Er fand sich in fremden Städten nicht zurecht. Nach dem Weg fragen war schwierig. Und Maria wollte bleiben.

So kämpfte Johannes bis zum Schluss der Vorstellung gegen das Lachen, Maria gegen Tränen. Um das unterdrückte Lachen war es nicht schade. Das war gar kein richtiges Lachen mehr, es machte keine Freude. Die unterdrückten Tränen aber waren genauso, wie Tränen eben sind. Sie taten weh.

Nach der Vorstellung gingen sie hinter die Bühne zu Chiaras Garderobe. Maria sagte nichts. Ihr Gesicht war ganz starr, als hätte jemand Gips darüber geschmiert oder Lehm. Johannes lief neben ihr her und versuchte die Gipsschicht aufzubrechen.

«Warum die Dicke?», sagte er immer wieder. «Warum alles um die kleine Dicke? Deine Mutter ist viel jünger und schöner.»

Aber Maria blieb starr.

In der Nacht saßen beide unglücklich in ihren Hotelzimmern.

Johannes dachte: Das halte ich nicht aus.

Er konnte nicht zu ihr gehen und ihr erklären, warum er hatte lachen müssen. Erstens wusste er, dass er etwas nicht verstanden hatte, auch nicht verstehen konnte und niemals verstehen würde. Und zweitens – so viele Worte sprechen! So viele Worte sorgfältig aussprechen! Das schaffte er nicht. Er hatte nur eine Möglichkeit, es ihr zu erklären, und damit verbrachte er die Nacht. Er nahm ein Blatt Papier und schrieb:

Bitte, versteh das. Für mich ist das: GESCHREI! Mit Armen und Lippen und Gesichtern! GESCHREI! Es ist das, was ihr ‹laut› nennt. Es ist KRACH! Und ich kapiere nicht ...

Er schrieb und schrieb.

Johannes konnte schnell schreiben, das war er gewohnt. Aber weil er hier so viel verbessern, nachtragen, umstellen musste, waren die Blätter fast so konfus wie seine Aussprache, wenn er versuchte, schnell zu sprechen. Er schrieb alles noch einmal ab. So wurde es spät, und er verschlief das Frühstück.

Maria dachte: Das halte ich nicht aus.

Sie hätte zu ihm gehen und es ihm erklären können. Aber was hätte sie ihm sagen sollen? Dass die alte Dicke eben Sopran sang? Dass Sopran eine junge Stimme ist und immer bleibt? Dass eine Sopranistin mit fünfzig, wenn sie vielleicht schon Oma ist, noch genauso jung verliebt auf der Bühne herumhüpfen muss, als sei sie eben zwanzig geworden? Und diese Frau hat eine Stimme, so jung und schlank –

– du, die ringelt sich dir in die Ohren, und du siehst glatt zwanzig Kilo weniger, die wird leicht, federleicht, das Beste ist, du schaust gar nicht so genau hin –

Mit wem sprach sie da?

Maria saß auf ihrem Hotelzimmerbett und schob ihre Hausschuhe hin und her. Sie stand auf, setzte sich in den Sessel und starrte auf die graue Mattscheibe des Fernsehers.

Sie ging ins Bad und duschte, und erst als sie das nasse Badehandtuch nahm, fiel ihr ein, dass sie schon geduscht hatte.

Sie ging zum Fenster, schaute auf die Straße, die Laternen brannten, und es liefen immer noch viele Leute herum.

Sie setzte sich auf ihr Bett und klopfte an die Wand. Auf der anderen Seite stand Johannes' Bett. Sie klopfte einen Rhythmus, der sagte: Komm! Komm! Komm doch her. Komm! Komm! Komm doch her.

Aber für wen klopfte sie da?

So geht das nicht, dachte sie. Aber wie geht es? Wie geht überhaupt noch irgendetwas?

Sie hatte nur eine Chance. Sie musste die Bach-Melodie finden, die in seinem Gehirn schlief, und die musste sie aufwecken.

Walter fragen, dachte sie.

Der Bariton, der den Grafen Luna gesungen hatte, war ein

Bach-Spezialist. Er kannte alles und musste ihr helfen, alle Melodien zu sammeln, die auf Sophias Beschreibung passten. Er war immer als Erster beim Frühstück. Mit ihrer Mutter rechnete sie um diese Zeit noch nicht. Am nächsten Abend war ihr Liederabend. Sie musste ausschlafen.

Maria legte die Mappe mit den Listen langsamer Bach-Stücke bereit, stellte ihren Wecker eine Stunde früher und ging ins Bett.

Sie schlief, während jenseits der Wand Johannes noch über den Inhalt des *Troubadours* grübelte.

Als Maria am nächsten Morgen mit ihrer gelben Mappe zum Frühstück kam, war Walter schon da und trank einen Orangensaft. Sie erklärte ihm ihren Plan und gab ihm die Listen mit den langsamen Sätzen, die noch in Frage kamen. Er fing sofort an zu summen.

«Melodie wie für ein Kinderlied?», zweifelte er. «Und dann noch: ‹leicht getupft›. Und das soll von Bach sein?»

Während er die Blätter sortierte, fand Maria in der Mappe einen mehrfach zusammengelegten Zettel, und endlich faltete sie ihn auf. Sie las:

Liebe Maria,

bitte sei mir nicht böse. Ich habe Dich nicht direkt belogen, nur eben verheimlicht, dass Johannes fast ein Jahr hören konnte. Da bekam er eine Erkältung, dann Bronchitis, dann Hirnhautentzündung. Es hätte viel Schlimmeres geschehen können.

In diesem Jahr, in dem Johannes hören konnte, hatte ich nur Angst, dass er vielleicht doch krank war. Ich habe keine Musik gehört. Ich konnte es nicht. Und ich habe nie für ihn gesungen. Für das Baby im Bauch hatte ich das geschafft, aber nicht für das Baby im Arm. Weil ich doch so furchtbar unmusikalisch bin.

Natürlich hatte ich einen Klavierlehrer. Das war eine der schlimmsten Katastrophen. Spiel mal Klavier mit Händen, die nur in ihre Handschuhe wollen oder sich in ihre Taschen verkriechen. Das Schlimmste war: Ich *wollte* Klavier spielen lernen. Ich *liebte* Musik.

Wahrscheinlich wünscht man seinen Kindern immer, was man selber nicht geschafft hat. Ich habe mir ein musikalisches Kind gewünscht. Darum habe ich dieses Lied für Oliver gemacht. Die Melodie fällt mir nicht mehr ein. Bitte zeig das Lied niemandem. Auf keinen Fall Johannes. Das würde ihm wehtun. Und ich weiß nicht, ob das gut für ihn ist, was Du da mit ihm vorhast. Warum glaubst du immer, du müsstest ihn in deine Welt zwingen? Warum gehst du nicht in seine?

Liebe Grüße S.

Darunter lag, ziemlich verknickt, ein zweiter Zettel.

Kinderlied für Oliver

Drinnen noch, innen noch
tanzt Oliver
Bauchtanzbaby strampelt, zampelt
her, hin und her.

Außen dann, draußen dann
singt Oliver,
geigt und klimpert, bläst und trommelt
und noch viel mehr.

«Hör mal», sagte Walter und summte.

«Nein», sagte Maria, «das ist es nicht.»

Der Erste Geiger kam und gleich darauf zwei Flötistinnen.

«Warum nicht?», fragte Walter, «leichter Getupftes gibt es von Bach nicht.»

Er summte laut.

Der Geiger und die beiden Frauen wollten wissen, was er da probe und warum er ein zerfleddertes Bach-Werke-Verzeichnis als Loseblattsammlung auf dem Frühstückstisch habe. Maria erklärte. Ein paar Chorsänger kamen und hörten zu. Sie rissen sich gegenseitig Marias Listen aus den Händen, summten und sangen.

«Nein», sagte Maria, «nein. Nein. Das ist es nicht.»

Dann gab sie zu: «Ich habe einen Text. Hier habe ich einen Text, den muss man darauf singen können. Aber ich darf ihn euch nicht geben. Ich klopf mal den Rhythmus.»

Ein paar Chorsänger summten sich durch Marias Notenlisten.

«Hört mal auf», sagte sie. «Jetzt mal still. Also: der Rhythmus.»

Maria klopfte die ganze Strophe, und noch einmal, und noch – da sang der Erste Geiger mit.

«Das passt gut», sagte der Tenor.

«Schon», sagte Walter, «aber das ist Haydn, nicht Bach.»

Maria klopfte, bis das halbe Orchester, drei Viertel des Chores, zwei Solisten und ein paar Tänzer summten und sangen.

Als ein paar Minuten später der verschlafene Johannes kam, seine Stellungnahme zum *Troubadour* in der Hand, war der Speisesaal voller Leute, die mit den Fingern auf den Frühstückstisch pochten, mit den Fußspitzen auf den Boden klopften, in die Hände klatschten, mit dem Kopf wackelten, den Mund auf- und zuklappten, ohne dabei etwas Vernünftiges zu sagen, den Oberkörper hin und her wiegten, und mitten drin Maria, die den Kopf schüttelte – und ihn bemerkte niemand.

Johannes ging unbeachtet bis zu Marias Tisch. Da lag ein Zettel. Er erkannte Sophias Schrift. Und er erkannte die Worte, um die Sophia und Andreas daheim so ein Theater gemacht hatten. «Bauchtanzbaby» – was für ein Quatsch! Auf dem Xylophon hatten sie herumgeklopft, und er hatte immer gefragt: Was? Was?, und sie hatten ihm nichts gesagt.

Johannes ging. Er aß nicht einmal ein Brötchen.

Maria strich auf ihrer Liste ein Bach-Stück nach dem anderen. Das «Andante für hörende Ohren im Bauch» war nicht dabei.

Tanja

Maria fand Johannes in seinem Zimmer.

«Du warst nicht beim Frühstück», sagte sie.

Er schüttelte den Kopf.

«Hast du keinen Hunger?», fragte sie.

Er schüttelte den Kopf.

Neben dem Fernseher lagen die Blätter mit seinen Aufzeichnungen der Nacht genauso zerknüllt wie vor ein paar Tagen Marias Notenlisten auf Beers Frühstückstisch zwischen Joghurtbechern und Käseresten.

Weil ihnen nichts anderes einfiel, beschlossen sie, schwimmen zu gehen. Es war ja auch wieder heiß. In den letzten zwei Monaten hatte es nur einmal geregnet. Wer sich überzeugen wollte, dass es irgendwo noch Wasser gab, musste ins Schwimmbad gehen oder zum See.

Maria wollte lieber zum See. Das aber war weit, sie hätten mit der U-Bahn und anschließend mit der S-Bahn fahren müssen, und Johannes fuhr nicht gern U-Bahn. Da war es dunkel, und er konnte nicht schauen. Er ließ sich lieber vom Bus durch die Stadt schaukeln. Also doch ins Schwimmbad. Maria gab nach.

Während sie neben ihm herging, fand und erfand sie immer mehr Melodien, die auf das Kinderlied für Oliver passten, aber keine war von Bach. Sie konnte einfach nicht damit aufhören und wusste doch, dass sie ihn damit nicht erreichte. Sie war unglücklich und enttäuscht, sie summte leise, manchmal auch laut, und die Melodien wurden allmählich immer trauriger, bis sie zu einem Kinderlied gar nicht mehr passten.

Johannes beobachtete sie aus den Augenwinkeln und lauerte

auf das unbewusste Sprechen ihrer Lippen, aber das kam nicht. Er sah, dass sie etwas machte mit ihren Lippen, aber er konnte es nicht lesen. Und es war ein Rhythmus in ihrem Körper, der schwang mit Musik. Leuten mit Kopfhörern merkte er auch immer an, ob sie gerade Sprecher hörten oder Musik, und wenn sie Musik hörten, hatte er immer so ein ähnliches Gefühl wie beim U-Bahn-Fahren. Maria, dicht neben ihm, war sehr weit von ihm entfernt. Er ging schneller und überholte sie.

Maria, jetzt hinter ihm, sah, wie seine Hände lauter kleine Worte zuckten. Sie versuchte, dazu eine Melodie zu summen, aber das gelang ihr nicht, es passte nichts zusammen.

An der Bushaltestelle war es voll. Alle paar Minuten kamen Busse, manchmal zwei, drei auf einmal. Viele Leute stiegen aus, stiegen ein. Johannes versuchte, aus der Form von Marias Rucksack zu erraten, welchen Badeanzug sie mitgenommen hatte, aber das war natürlich vollkommen unmöglich, er wusste also nur, dass er rot war, alle ihre Badeanzüge waren rot.

Dann sah er Tanja und schrie: «Tanja!»

Er stürzte an Maria vorbei auf ein Mädchen zu, das war blond, ungefähr vierzehn und stieg gerade in einen Bus, der in eine Richtung fuhr, in die Johannes und Maria nicht hatten fahren wollen. Er quetschte sich zwischen die Menschen, die einsteigen wollten, und den Bus und versuchte, nach dem Mädchen zu greifen. Das aber wurde von der drängelnden Menge in den Bus geschoben.

«Tanja!», rief er. «Tanja!»

Das Mädchen winkte ihm zu, versuchte, aus dem Bus wieder auszusteigen, konnte aber nicht zurück. Der Bus war voll, es würden nicht mehr alle hineinpassen, die mitwollten. Der Fahrer schloss die Türen, Tanja erschien am nächsten Fenster, bewegte die Lippen und die Hände, soweit das in der Enge möglich war. Der Bus fuhr an, Johannes lief neben dem Fenster her, seine Arme und Hände machten Zeichen, der Fahrer beschleunigte und bog in die Straße ein, Johannes winkte.

Er drehte sich zu Maria um.

«Komm!», rief er. «Bis zur nächsten Haltestelle fahren die alle in dieselbe Richtung.»

Er sprang in den nächsten Bus und war fort.

Und Maria war allein.

«Tanja», sagte sie leise und prüfte, was für komplizierte kleine und sehr genaue Bewegungen die Zunge machen musste, um von dem ‹n› zum ‹j› zu kommen, um das so klar sagen zu können: Tanja.

Wie er das sprach, so sicher und deutlich – wie Mercedes. Wie Mercedes mit dem spanischen Lispel-s.

Tanja.

Was er ihr zugerufen hatte, bevor er in den Bus sprang, hatte sie dagegen nicht verstanden.

Eine Weile blieb sie stehen, an eines der Schilder mit Fahrplänen gelehnt, und sah zu, wie Busse ankamen und davonfuhren. Dann stieg sie in irgendeinen Bus. Der fuhr nicht zum Schwimmbad, aber da wollte sie auch nicht mehr hin. Sie würde an der nächsten Haltestelle aussteigen und mit der U-Bahn weiterfahren Richtung See.

Beim Einsteigen trat sie gegen die Tür, die man nicht zuknallen konnte, die sich automatisch öffnete und schloss und dabei so ein kleines puffendes Geräusch machte. Sie hörte es wütend und hilflos. Was für eine nervtötend lächerliche Miniatur von einem Knall!

Die nächste Haltestelle erreichte sie zusammen mit zwei anderen Bussen, ihrer hielt als Letzter in der Haltebucht. Im Strom von vielen, die aus allen Bussen kamen, ließ sich

Maria hinüber zur U-Bahn treiben. Da sah sie Johannes. Und Tanja.

Zuerst glaubte sie, Johannes habe sie bemerkt. Er schaute in ihre Richtung. Aber sie lief eingeklemmt zwischen hastenden Menschen, Johannes wandte sich ab und Tanja zu.

Maria scherte aus dem U-Bahn-Strom aus und blieb hinter dem Bushäuschen. Durch das Plexiglas sah sie die beiden etwas verschwommen, weich gezeichnet wie der Horizont an einem diesigen Sommertag. Sie waren sehr weit fort. Sie standen sich gegenüber und sprachen mit den Händen. Mitten im Lärm von Autos, Bussen, Menschen sprachen sie ungestört. Und da war sie wieder: seine Sprache. So hatte sie ihn nur einmal reden sehen: mit Sophia vor ein paar Tagen, am Morgen auf der Terrasse.

Das also war seine Muttersprache?

«Johannes kann singen», hatte Sophia gesagt, «mit den Händen, den Händen.»

Maria hatte es gesehen. Sie sah es jetzt wieder.

Muttersprache, dachte sie, das ist nicht eine Sprache, die er nur mit seiner Mutter spricht.

Maria begriff, es war die Sprache der Gehörlosen.

Tanja ist taub, dachte sie. Ein gehörloses Mädchen. Wie sie zu ihm passt. Wie sehr.

Sie sah ihn mit den Händen singen. Es sah so leicht aus. Da war keine Anstrengung wie sonst immer, wenn er zugleich mit den Gebärden sprechen musste. Nie hatte sie ihn so schön gefunden wie in diesem Augenblick, in dem sie ihn verlor.

Sie hörte ein Martinshorn. Es kam näher. Auf der anderen Seite der Straße raste ein Polizeiauto vorbei, dann der Notarzt, dann die Feuerwehr.

Hinter ihr schrie ein Kind. Sie drehte sich um. Das kleine Mädchen war gestürzt. Eine junge Frau riss es hoch, schimpfte: «Da ist doch nichts! Stell dich nicht so an!», und zerrte es zu einem Bus, der eben anfuhr.

Johannes und Tanja aber sprachen.

Was erzählt man sich in einer Welt, in der man so wenig von Unfällen weiß und kaum etwas von stürzenden Kindern mit schimpfenden Müttern?

Ein Hubschrauber zerknatterte die Luft. Maria und alle schauten hinauf, alle, bis auf zwei, und alle, bis auf zwei, dachten dasselbe: der Unfall! Schlimm!

Maria trat hinter der Glaswand hervor. Das war sinnlos, die beiden würden sie dadurch kaum besser sehen, nur besser hören, und das konnten sie nicht. Tanja wandte ihr halb den Rücken zu, Johannes hätte sie sehen können, aber er schaute in die Richtung, aus der die Busse kamen, Maria schrie: «Dann bleib doch bei deinen Leuten! Du willst doch gar keine Musik.»

Und damit verschwand sie im U-Bahn-Schacht.

Tanja drehte sich um.

«Da war so ein Mädchen», sagten ihre Hände. Sie musste Johannes an der Schulter fassen und wiederholen, denn er schaute auf die Busse.

«Da war so ein Mädchen», sagte sie.

«Wo?», fragte er.

«Nicht da. Da drüben. Sehr schwarze Haare. Und sie hat geschrien: Bleib bei deinen Leuten, du willst gar keine Musik oder so.»

«Das war sie!», riefen Johannes' Hände. «Wo?»

«Zur U-Bahn.»

Tanja und Johannes liefen die Treppen hinunter. Aber sie fanden Maria nicht mehr.

Maria kannte sich aus. Sie fand sofort die richtige Rolltreppe, die endlos lange, die ganz tief nach unten führte, gleich hinunter zur U-Bahn. Sie ging links auf der Rolltreppe, wo die Eiligen sind, denen die Rolltreppe nicht schnell genug ist, die hinabgleiten und dabei noch hinablaufen. Und da lief sie so lange abwärts, bis sie von einem anderen Eiligen, der erheblich weniger eilte, gebremst wurde. Überholen konnte sie nicht, das machte sie wütend, und das war ihr recht, solange sie wütend war, wurde sie nicht traurig. Unten stieg sie in die nächste Bahn, die fuhr nicht zum See, sie würde umsteigen.

Die Bahn war voll. Neben ihr standen zwei Italiener, die italienisch sprachen und wie die meisten Südländer mit Händen und Füßen. Maria ärgerte das. Die beiden Männer störten sie eigentlich nicht. Sie sprachen laut, aber es war sowieso laut. Sie rempelten niemanden an, ihre Gesten waren nicht größer als das bisschen Raum, das sie hatten in der vollen Bahn. Was Maria ärgerte war, dass sie fast alles verstand. Sie wollte nicht wissen, wer das Spiel gewonnen hatte, wann und wie Pedrazzino dieser geniale Kopfball gelungen war. Sie wollte nur schauen, ihren Händen und Gesichtern zuschauen und dabei eine fremde Sprache hören, eine völlig unverständliche, das nämlich wäre fast so, wie gar nichts zu hören. Also ärgerte sie sich, und als sie ausstieg, war sie immer noch wütend.

Die nächste Bahn war erheblich leerer. Sie hätte sich setzen können, aber sie wollte nicht. Sie wollte neben Johannes sitzen, und der war nicht da.

Und nie, dachte sie, nie hat er versucht, mir seine Sprache beizubringen. Ich könnte das doch lernen, etwas wenigstens, er gibt sich gar keine Mühe ...

Das machte sie traurig.

Als Maria in die S-Bahn umstieg, war sie nicht mehr wütend. Die S-Bahn war leer.

Sie setzte sich ans Fenster, obwohl es nichts zu sehen gab, denn noch zwei Haltestellen lang fuhren sie unter der Erde. Sie legte ihren Rucksack auf den Sitz gegenüber, als wollte sie den Platz freihalten für einen, der nicht kommen würde, und sie schnippte eine Fluse von ihrer Hose. Sie nahm den Rucksack und legte ihn auf den Platz neben sich, denn er sollte neben ihr sitzen. Es war eine Fluse auf ihrer hellgrauen Cargohose. Sie tauschten die Plätze, der Rucksack kam ans Fenster, denn er wollte ja schauen, wenn er käme, nur kommen würde er nicht – nie nie wieder? Und die Fluse ging nicht ab von der Hose, sie klebte fest.

Die S-Bahn schoss ins Licht. Jetzt könnte er schauen. Wenn er da wäre.

Die Fluse war ein Fleck, sah aus wie eine Achtelnote, war braun, Sojasoße, angebrannt, sie erinnerte sich. Sie hatte die Hose angehabt, als Andreas für sie gekocht hatte.

Auch die Erinnerung tat weh. Johannes schlafend in der Hängematte, sie hatte ihn geschaukelt, seine Hände hatten Worte geflüstert, die sie vielleicht hätte verstehen können, wenn er sich nur ein bisschen bemüht hätte, ihr seine Sprache zu zeigen, die er mit seiner Mutter sprach und mit Tanja und ...?

Sie nahm den Rucksack in den Arm. Sonst war nichts da.

Die S-Bahn war jetzt außerhalb der Stadt. Sie näherten sich dem See. Die Landschaft ähnelte der an jenem anderen See, an dem sie beide wohnten. Ein kleiner Fluss neben den Geleisen war unbefestigt, Weiden und Eschen wuchsen an den Ufern, die Berge waren nah, es könnte auch sein, dass sie nach Hause fuhr. Der Zug bremste und hielt. Auf dem Stationsschild stand ein fremder Name. Sie fuhr nicht nach Hause. Sie schaute den Leuten zu, die ein- und ausstiegen.

Da fiel ihr etwas ein.

Wenn der Achtelnotenfleck noch in der Hose war, so ganz unverändert angebrannte Sojasoße, dann hatte sie die Hose also nicht in die Wäsche gegeben. Und wenn der Fleck noch drin war, dann musste etwas anderes auch noch drin sein. In der Hosentasche. Sie legte, den Rucksack im rechten Arm, die linke Hand auf den Oberschenkel, auf die Seitentasche der Cargohose. Sie spürte die kleine Plastikschachtel mit den Ohrenstöpseln durch den Stoff.

In seine Welt gehen, dachte sie.

Johannes und Tanja irrten durch die Bahnhofshalle. Johannes rannte von Rolltreppe zu Rolltreppe, aber Maria war nicht mehr da.

«Wie viel Zeit hast du?», fragten seine Hände.

Und Tanjas antworteten: «Ich sollte meine Mutter abholen. Sie ist bei einer Freundin. Sie kennt sich hier ja auch nicht aus.»

«Kannst du anrufen? Kann die hören, die Freundin?»

«Nein, aber ihr Sohn.»

«Du musst mir helfen. Maria ist zum See gefahren. Bestimmt ist sie zum See gefahren. Sie wollte zum See.»

Tanja nickte.

Als Maria aus der Bahn stieg, spürte sie ihre Schritte im Kopf. Das war ungewohnt, und es störte sie. Jedes Mal, wenn sie mit der Ferse auf den Boden trat, empfand sie ein leises Scheppern im Kopf, das nicht weh tat, nur lästig war wie offene Metallknöpfe an Jackentaschen, die bei jedem Schritt aufeinander schlagen, klick, klick, klick. Die kann man zumachen, und das Geräusch ist weg. Sie trug aber keine Jacke, der Rucksack war es auch nicht, und das Scheppern war auch gar kein Geräusch, es kam von den Fersen. Also trat Maria, Ballett gewöhnt, mit den Fußballen auf wie ein Tänzer, ihr Gehen wurde leicht wie Schweben, und sie dachte: Geht Johannes so?

Sie fühlte sich leicht und froh und dachte: Ich gehe auf ihn zu.

Schon als sie den Bahnhof verließ, hatte sie nicht mehr das Gefühl, sich dauernd umdrehen zu müssen.

Vor dem Bahnhof spielte eine Gruppe Musiker, Peruaner wahrscheinlich, sie trugen rot-bunte, teppichähnliche Umhänge und die runden hohen Indiohüte mit der schmalen gebogenen Krempe. Maria blieb stehen und schaute ihnen zu: eine Gitarre, eine Art Panflöte, die sie für eine Andenflöte hielt, zwei Holzflöten, einer sang. Wahrscheinlich spielten sie Folklore ihres Landes. Es war wohl eines jener traurigen Lieder, die in ihrer Heimat über die weiten kargen Hochebenen klingen. Der Sänger wiegte den Oberkörper langsam hin und her und hatte den Mund manchmal sehr lange auf. Das sah schon komisch aus. Dem Gitarristen und dem mit der Andenflöte konnte man gut zuschauen, aber die mit den Holzflöten bliesen die Backen auf und stülpten die Oberlippen über das Mundstück, dass sie aussahen, wie von Loriot gemalt.

Maria musste lachen. Sie drehte sich um, versteckte sich hinter ein paar Jugendlichen, die rauchten und Cola tranken, und war so glücklich, dass sie am liebsten gesungen hätte. So also sieht das aus. Sie fing an, Johannes zu verstehen.

Ich bin auf dem richtigen Weg, dachte sie. Ich gehe auf ihn zu.

Sie nahm ihren Geldbeutel aus dem Rucksack, ging zu den Musikern, unterdrückte ein Kichern und warf ein paar Scheine in den Hut, der neben dem Gitarristen stand. Der sah sie verblüfft an. Sie nickte und sagte: «Danke. Danke.»

Maria mit dem Tanzschritt schwebte weiter zum Bad, denn zu Johannes zurückfahren konnte sie noch nicht. Da war noch diese Tanja. Sie trat mit der Ferse auf und spürte das Scheppern im Kopf.

Sie ging an den Hecken der Gärten vorbei und hätte sich gern von Rasensprengern nass sprühen lassen, aber es gab keine Rasensprenger mehr. Das Wasser war knapp geworden, und das Sprengen der Gärten verboten.

Ein Mann mit zwei kleinen Kindern fragte sie etwas. Sie zuckte die Achseln und sagte: «Non parlo tedesco.»

Zuerst hielt sie das für eine gute Lösung, aber dann wurde ihr klar, dass sie gemogelt hatte. Was hätte Johannes getan? Oder Tanja? Sie durfte nicht mogeln, wenn sie hineingehen wollte in seine Welt. Ihr fiel nicht ein, wie sie reagieren sollte, wenn sie noch einmal jemand etwas fragte. Es fragte sie aber niemand mehr.

Was sie im Schwimmbad wollte, wusste sie nicht. Sich erinnern an das Seebad daheim, das diesem ganz ähnlich war? Da waren doch andere gewesen von seiner Schule. Auch Mädchen. Um die hatte er sich nie gekümmert, mit ihnen hatte er auch nicht so gesprochen. Da war immer auch jene Sprache dabei gewesen, die Maria verstand.

Wer ist Tanja?

Vor der Kasse war eine Schlange. Maria wollte sich gerade anstellen, da wurde ihr klar, dass sie kein Geld mehr hatte. Sie beobachtete ein paar Minuten das Geschiebe und Gedränge. Dann quetschte sie sich in eine Lücke zwischen zwei Frauen und schlüpfte hinter deren Rücken durch die Sperre. Daher las sie das große Schild nicht, das neben der Kasse hing, mit den aktuellen Informationen über das Bad.

Die Wiesen und Spielplätze waren voll. Maria stand eine Weile neben dem Volleyballplatz und schaute begeistert zu, wie der Ball flog. Er schien ihr jetzt so leicht wie ein Federball.

Sie ging weiter. Ein Ball fiel neben ihr ins Gras, rollte vor ihre Füße. Am Spielplatz beobachtete sie Kinder, besonders solche, die sich dreckig machten, ihre Kleider zerrissen oder von der Schaukel fielen und brüllten. Dann kamen die Mütter, und Maria versuchte, in ihren Gesichtern zu lesen, ob sie schimpften oder trösteten. Es war gar nicht so schwer.

An den Schildern mit Informationen über das Bad ging sie vorbei. Lesen war wie immer.

Sie schaute zum Sprungturm, ob da vielleicht ein Junge war, der Johannes ähnlich sah, der wie Johannes anlief, federte und kopfüber vom Fünfmeterbrett sprang. Aber da war keiner.

Sie fand einen guten freien Platz an einem Busch, wo sie sich umzog. Rucksack und Kleider ließ sie liegen. Ihr Geldbeutel war ohnehin leer.

Sie ging zum Wasser. Zwischen vertrockneten Algen suchten Kinder Muscheln. Das Wasser war warm, noch wärmer als daheim, der See war kleiner und flacher. Man konnte gut zum anderen Ufer schauen. Irgendwo da musste Thomas sein mit seiner Rudermannschaft. Am Sprungturm war immer noch niemand. Maria entschied: sie würde springen. Wie Johannes würde sie springen, von hoch oben wie er, was sie daheim nicht gewagt hatte, und dann würde sie zurückfahren – trampen? schwarzfahren? –, ihn finden und fragen: Wer ist Tanja?

Ein Motorboot raste vorbei. Ohne Lärm war es nur noch halb so ärgerlich.

Wenn du nicht zu mir kommen kannst, dachte sie, in meine Welt, muss ich zu dir gehen. Ich bin schon ganz nah.

Tanja und Johannes kamen zwanzig Minuten später mit der nächsten S-Bahn. Die Peruaner spielten ein fröhliches Lied. Sie waren zufrieden mit den Einnahmen des Tages und bester Laune. Johannes ging an ihnen vorbei, Tanja etwas langsamer.

An der Kasse warteten sie in der Schlange, und Tanja las die

Informationen über Temperatur von Wasser und Luft und den Wasserstand. Johannes war zu aufgeregt. Er drängelte.

Im Bad fragte Tanja: «Welche Farbe hat ihr Badeanzug?»

Johannes legte den Zeigefinger an die Lippen und ringelte dann damit eine Endlosschlaufe: «Rot. Immer rot.»

Maria schwamm zum Sprungturm. Sie tauchte unter der Kette durch, die das Sprunggebiet abtrennte. Die unteren Sprossen der Leiter waren veralgt, aber trocken und weder glitschig noch eklig. Da war noch einmal eine Kette, sie stieg hinüber, und danach war die Leiter sauber.

Ein Mann schwamm vorbei, winkte und rief ihr etwas zu. Sie schüttelte den Kopf. Er schwamm weiter.

Sie setzte sich auf das Einmeterbrett und schaute zunächst einmal von unten nach oben. Drei Meter waren nicht genug. Das war sie schon gesprungen. Fünf Meter verpflichteten zu Johannes' Kopfsprung. Also lieber 7,5 Meter und einfacher Schlusssprung und dann wirklich Schluss und zurück in die Stadt und ihn finden und sagen: Perdona, aber bitte, wer ist Tanja?

Johannes und Tanja liefen durchs Bad, schauten zum Wasser und über die Wiesen.

«Du musst fragen», sagte Johannes.

«Was soll ich fragen?», sagte Tanja. «Was ihr immer denkt, was man alles rauskriegt mit Fragen. So ist das nicht.»

Da fragte Johannes selber: «Wir suchen ein Mädchen mit sehr schwarzen Haaren.»

Er fragte Kinder, einen Volleyballspieler.

Der sagte: «Die hat uns den Ball nicht zurückgeworfen. Meinst du die? Der Ball ist ihr genau vor die Füße gefallen. Ich hab gerufen: Gib her!, aber sie ist einfach weitergegangen. Zum Spielplatz.»

Johannes schüttelte den Kopf. Maria hätte den Ball zurückgeworfen, dachte er.

Maria stieg weiter hinauf. Eine Frau schwamm vorbei, hielt wassertretend an der Absperrkette und sprach sie an. Maria sagte: «Ja, ja. Ja, ja!», und auch mal: «Nein, nein!» Es war wohl richtig. Die Frau schwamm weiter.

Unter einem Busch fand Johannes Marias Kleider. Er hob sie auf und hielt sie in den Händen, als könnte er damit Maria halten, aber die war nirgends zu sehen. Tanja neben ihm erstarrte. Sie hatte die Ansage gehört:

«Hallo! Das Mädchen in dem roten Badeanzug. Der Sprungturm ist gesperrt. Der Wasserstand ist zu niedrig. Komm wieder runter!»

Tanja rüttelte an Johannes' Schulter und zeigte zum Sprungturm. Johannes nickte und strahlte.

Maria hielt bei drei Meter und schaute hinab. Sie überlegte, ob fünf Meter nicht doch genug wären, auch ohne Kopfsprung. Noch nie waren ihr drei Meter so hoch vorgekommen. Sie kletterte weiter.

Tanjas Hände erklärten und fragten: «Der Sprungturm ist gesperrt. Was will die? Ist die verrückt?»

Und Tanja hörte die Ansage: «Komm da runter! Bist du wahnsinnig? Willst du dir alle Knochen brechen?!»

Tanja fragte: «Kann die hören? Johannes! Kann die hören?»

«Natürlich», sagte Johannes. Seine Hände nuschelten, weil sie Marias Kleider hielten. Durch T-Shirt und Hosenbeine sagten sie: «Natürlich kann die hören. Und wie!»

Maria stand auf dem Fünfmeterbrett.

Der Ansager schrie: «Du darfst nicht springen! Du siehst

doch, wie hoch das ist! Es ist zu wenig Wasser darunter. Du darfst nicht!»

Tanja übersetzte für Johannes und fragte: «Warum macht sie das? Warum hört sie nicht auf die Ansage?»

Johannes starrte auf den Sprungturm. Seine Hände redeten nicht mehr, sie knautschten Marias Hose.

Der Bademeister alarmierte den Rettungsdienst.

Johannes' Hände spürten etwas Hartes, ein kleines Plastikteil, 3 cm lang, 1 cm breit mit abgerundeten Ecken. Das kannte er. Er zog es aus der Tasche. Es war dunkelbraun und gelb.

Aus dem Mikrophon kam eine andere Stimme, die war ruhiger, langsamer.

«Komm herunter. Niemand hält dich für feige, wenn du die Leiter wieder runtergehst. Alles andere ist Unsinn. Komm.»

Johannes öffnete das braun-gelbe Plastikschächtelchen. Es war leer.

Da schrie er: «Maria!»

Und wenn sie ihn hätte hören können, hätte sie gemerkt, wie gut er dieses Wort sprach: «Maria!»

Er rannte zum Wasser und dachte: Aber sie springt nicht. Sie hat Angst. Sie ist sonst auch nicht gesprungen. Oder ich fang sie auf. Oder ich steige hinauf und hol sie zurück.

«Maria!»

Sie springt nicht. Sie springt nicht.

Maria sprang.

Irrtum

Chiara Lucia Tacchero sagte ihren ersten Liederabend in deutscher Sprache kurzfristig ab. Sie war in der Klinik, als Maria aufwachte, und sie erzählte ihr, dass beide Beine gebrochen seien, das rechte mit kompliziertem Splitterbruch, man habe es operiert und geschraubt. Gebrochen sei außerdem noch eine Rippe, das sei nicht so schlimm, es tue nur weh.

Maria sagte: «Die Beine. Das ist besser als die Arme.»

Ihr tat alles weh, so sehr, dass sie nicht wusste, wo etwas gebrochen, vielleicht zerstört war. Ihre Hände lagen auf der Bettdecke. Sie bewegte die Finger. Der Schmerz wurde dadurch nicht schlimmer. Da war alles in Ordnung.

«Werde ich wieder laufen können?», fragte sie.

Chiara nickte.

«Aber wehtun wird dir das rechte Bein. Nur wenn das Wetter wechselt, nicht immer.»

Maria war einigermaßen beruhigt. Damit konnte sie leben. Sie hatte niemals Tänzerin werden wollen. Nur noch mit Schmerzen tanzen können, wenn das Wetter umschlug – das wäre schlimm gewesen. Sie würde ohne Schmerzen Harfe spielen, gleichgültig, ob Schnee oder Regen fiel oder die Sonne schien.

Aber das Herz tat ihr weh.

«Das kommt von der Rippe», sagte Chiara. «Es ist die links, gerade über dem Herzen.»

Maria nickte. Das war ein akzeptabler Grund dafür, dass einem das Herz weh tat. Sie schaute sich um. In dem Bett neben ihr lag ein Mädchen und schlief. Sonst war niemand da. Das war es, was weh tat.

Der Kopf tat ihr auch weh.

«Gehirnerschütterung», sagte Chiara. «Das geht bald weg.»

An der Wand hing ein Kunstkalender mit einem Blumenstrauß auf dem Monatsblatt August. Ein rotes Plastikfenster markierte den Tag. Es schwankte ein wenig vor Marias Augen. Sie dachte: Da stimmt was nicht. Oder?

Wenn es richtig gesteckt war, fehlte ihr ein Tag.

«Oh», sagte sie. «Wie war dein Liederabend?»

Chiara schaute sie entsetzt an.

«Aber ich bin bei dir gewesen», sagte sie. «Seit gestern Mittag bin ich hier.»

Maria verstand: kein Liederabend.

Die Blumen auf dem Kalenderblatt standen in einer Vase. Es war ein bunter Strauß großer, üppiger Blüten, einer von der Art, wie man ihn ihrer Mutter beim Schlussapplaus auf die Bühne brachte. Ein solcher Strauß stand jetzt irgendwo in einer anderen Vase, nicht in der, die im Hotelzimmer auf ihn gewartet hatte.

«Du hast nicht wirklich ...», begann Chiara.

Doch – Maria hatte wirklich geglaubt, ihre Mutter würde auf der Bühne stehen und singen, während sie bewusstlos im Krankenhaus lag. Sie hatte es wirklich geglaubt.

Das also war ein Irrtum.

Was für ein Wort! Was für ein verrücktes, tolles Leben, in dem das Wort ‹Irrtum› ein Gefühl hervorrief wie früher einmal das Wort ‹Weihnachten›!

Irrtum, dachte sie. Wie mag das Wort in Johannes' Sprache aussehen?

Sie machte ein paar tastende Bewegungen mit den Händen auf der Decke, aber das waren Hände, die sich öffneten, Finger, die leicht über Handflächen glitten. So kann man in einer Sprache mit Händen nicht sagen: ‹Irrtum›.

Maria dachte: Vielleicht ist Tanja auch so ein Irrtum?

Sie war müde. Chiara musste auch gehen.

Bevor Maria einschlief, erfanden ihre Hände Worte für Johannes' Sprache. Die sahen schön aus, keines davon hatte auch nur die geringste Chance, ‹Irrtum› zu bedeuten.

Als sie aufwachte, saß Johannes neben ihrem Bett.

Sie schauten sich lange an und sprachen nichts.

«Guck mal», sagte Maria dann, «ich mache Wörter für deine Sprache.»

Sie zeigte ihm die neuen Gebärden.

«Sag mir, was das heißt», verlangte sie.

Erst dachte Johannes, das ginge nicht, aber dann sagte er: «Ja! Das heißt ... », er machte ihre Gebärden nach, es gelang ihm sofort, «das heißt: ‹mandantino›, und das ‹jero n do ti na›.»

«Ich spreche italienisch!», rief Maria und lachte. Dabei tat ihr die Rippe weh.

Nach Tanja fragte sie nicht.

In den nächsten Tagen auch nicht. Johannes fuhr sie im Rollstuhl durch den Garten. Dabei konnte er ihren Mund nicht sehen. Sie konnten nicht miteinander reden.

Jeden Nachmittag rief Marias Vater an. Dann war in Japan später Abend, nach dem Konzert.

Chiara saß am Fußende von Marias Bett vor dem Blumenbild. Es war immer noch August. Sie musste weiterfahren und singen.

Noch immer kämpfte ihre italienische Zunge mit den deutschen Konsonanten.

«sche – ri – eiten ...», sagte sie.

«schreiten ...», verbesserte Johannes.

«Nein», sagte Maria, «... spreiten ... spreiten ... ‹Dämmrung will die Flügel spreiten ...›»

Es war das schwierigste Worte des ganzen Liederabends.

Chiara schaffte schließlich: «... schpeiten ...», aber das war das Äußerste.

«Du verstehst das, Johannes», sagte Chiara, «es gibt schreckliche Wörter in der deutschen Sprache. Dass du aber auch Deutsch lernen musst! Italienisch wäre leichter für dich.»

Sie nahm Maria in die Arme, sehr vorsichtig wegen der gebrochenen Rippe, und sagte: «Ciao.»

Maria dachte: Aber es gibt auch fantastische Wörter in der deutschen Sprache. Sie heißen ‹Irrtum› und klingen wie früher einmal ‹Weihnachten›.

In den letzten Tagen hatte ihre Mutter sie häufiger angeschaut als sonst in einem halben Jahr.

Sophia kam. Sie holte nicht nur Thomas, sondern auch Johannes und Maria ab. Maria würde bei Beers bleiben, bis sie gesund war.

Sie bekam das Zimmer neben Johannes. Andreas trug sie die Treppe hinauf.

Und da erst, als sie daheim waren, fragte Johannes: «Warum hast du das getan?»

«Was?», fragte Maria.

Johannes legte die Hände auf die Ohren: «Das.»

«Ich wollte dir nah sein», sagte sie, «ganz ganz nah.»

Das tat gut und weh.

Johannes schaute aus dem Fenster.

Sie wollte mir nah sein, dachte er, dachte es mit Worten und mit Händen. Ganz ganz nah.

Es tat ihm gut und tat ihm weh, und beides an derselben Stelle im Bauch.

Und ich?, dachte er. Was kann ich tun? Um ihr so nah zu sein, so nah?

Er hatte es so viel schwerer. Er konnte sich nicht einfach die Ohropax-Pfropfen aus den Ohren ziehen und so sein wie sie.

Also, dachte er, was kann ich tun?

Er versuchte es – das war im Hause Beer so üblich – zuerst mit Logik.

Fall a: Ich kann nicht hören. Maria kann hören. Um zu erleben, wie ich lebe, bringt sich Maria in einen Zustand, dass sie nichts hört.

Fall b: Maria kann hören. Ich nicht. Um zu leben wie Maria, muss ich mich in einen Zustand bringen, dass ich höre.

Problem: Das geht nicht.

Lösung: Anstatt zu hören, sehe ich. Mit Wörtern klappt das. ‹Blau› ist ‹blau›. Ob man nun das Wort sagt oder ein Zeichen macht mit der Hand. Warum geht das mit Musik nicht?

Warum geht das nicht?

Warum?

Was ist Musik?

Als er in der Nacht vom Seefest mit Maria tanzte, da hatte er es gewusst. Er erinnerte sich an diesen Tanz wie an einen fantastischen Kuchen, den er einmal gegessen hatte, von dem er aber nicht mehr wusste, wie er schmeckt. Er wusste nicht einmal mehr, wie er roch.

Ich muss das sehen, dachte er, Musik.

Da fiel ihm etwas ein.

Nun hätte er Maria fragen können, ob er sich holen durfte, was er brauchte. Das tat er nicht. Er hatte nicht viel Hoffnung, dass der Versuch gelingen würde. Er sagte nur: «Ich geh rüber zu euch und gieße Blumen.»

Viel Arbeit war das nicht.

Bei Käfers gab es ein paar riesige Grünpflanzen in großen Terracotta-Töpfen, und das war schon fast alles. Trotzdem brauchte Johannes lange. In dem Haus war es still. Niemand unterhielt sich im Wohnzimmer, niemand hantierte in der Küche, es fiel keine Zeitung auf den Boden und keine Tür ins Schloss. Es war wirklich still. Nicht nur, weil Johannes nichts hörte. Er liebte solch menschenleere Häuser. Er hatte da immer ein Gefühl von ‹Wirklichkeit›. So nannte er das. Darum lief er noch in dem Haus herum, trat leise auf und machte keinerlei Geräusche. Zumindest glaubte er das. Er ging hinauf ins Musikzimmer. An Marias Harfe kam er nicht vorbei, ohne über die Saiten zu streichen, und seine ‹Wirklichkeit› zerfiel. Der Klang war im Raum, er wusste es, aber er sah ihn nicht. Nur auf seinen Fingerkuppen vibrierten die Harfensaiten.

Fühlen, dachte er, ich kann nur fühlen, *dass* da etwas ist, aber nicht *was*.

Er schaute sich um. An der hinteren Wand waren die Regale mit den CDs, den alten Schallplatten, unter denen sie einmal eine Frau mit einer Kaffeekanne gesucht hatten, und die Videos. Nur die waren für ihn von Bedeutung. Er hatte sie noch nie näher angeschaut. Nun hoffte er, mehr zu finden als Western und Krimis. So war es auch. Lauter Opernfilme, italienische Titel auf den meisten, wie alles in diesem Haus nach Komponisten geordnet. Das nützte ihm nicht viel. Er hatte vergessen, wer diesen *Troubadour* komponiert hatte, Verdi war für ihn ein Wort, das er sich so wenig merken konnte wie Majoran oder Borretsch, die immer mal in der Suppe waren, aber nicht vorschmecken durften und die er auch nicht vermisste, wenn sie fehlten. Also musste er suchen. Er fand drei *Troubadoure:* zwei Bühnenmitschnitte und einen Fernsehfilm. Die nahm er alle.

Maria hatte Krücken. Mit dem linken Bein konnte sie wieder etwas auftreten. Und Johannes war jetzt drüben in ihrem Haus. Sie würde zu Sophia gehen und fragen: Wer ist Tanja? Sie angelte mit dem rechten Arm nach den Krücken, da tat ihr die verletzte Rippe weh, obwohl die links war, da tat es jetzt wieder weh. Ihr Vater rief jeden Tag an, ihre Mutter hatte gestern nicht angerufen, sie war in Köln, wahrscheinlich hatte sie Francesco getroffen. Maria erreichte die Krücken, das Wort ‹Irrtum› klang nicht mehr wie ‹Weihnachten›, immer musste sie Johannes' Händen zuschauen, die redeten und flüsterten, und er kam gar nicht auf die Idee, ihr mal so ein paar Worte zu erklären, zu zeigen. Sie wollte endlich wissen, wer Tanja war.

Maria stieß mit der Krücke die Tür auf. Da ging Andreas' Stereoanlage an. Es war seine halbe Stunde Lärm. Maria stampfte die Krücke zu Heavy Metal bis zu Sophias Arbeitszimmer. Die saß mit dem Rücken zu ihr und übersetzte einen Aufsatz.

Maria sagte: «Sophia»,

sie rief: «Sophia!»

und lauter: «Wer ist Tanja?»,

und wusste doch schon, dass Sophia die Stöpsel in den Ohren hatte und dass überhaupt niemand hörte, wie sie immer lauter rief:

«Wer ist Tanja? Wer ist Tanja?»,

am wenigsten Johannes, der, drei *Troubadoure* in der Hand, die Bässe spürte, aber nicht Marias Stimme:

«Wer ist Tanja?»

Maria humpelte zurück. Sie musste warten.

Als die halbe Stunde Lärm vorbei war und Heavy Metal verstummte, kam keine Stille. Es dröhnte weiter. Jetzt Verdi.

Johannes war die Treppe hinaufgegangen. Unter seinen Füßen vibrierten die Bässe. Der Fernseher stand im Obergeschoss in einem kleinen Raum an der Nordseite. Er schob eine der Kassetten in den Videorecorder, aber es kam kein Bild. Wahrscheinlich hatte Thomas wieder einmal alles umgestellt. Johannes tippte die Fernbedienung durch, bis er ein Bild hatte. Dass er dabei die Lautstärke aufdrehte, merkte er nicht und sonst auch niemand – noch war Heavy Metal lauter.

Johannes versuchte zu sehen, was er nicht hören konnte.

Es war furchtbar.

Zwar war im Film der Mann mit der Gitarre größer und schöner als der in München auf der Bühne, auch war die Frau, die ihm dauernd in die Arme fiel, nicht ganz so alt und fett – trotzdem: Wie die mit ihren Gesichtern lärmten! Wie die mit den Armen schrien! Es war augenbetäubend!

Johannes lachte nicht mehr. Er fand das nicht mehr komisch. Er dachte: Wie viel Zucker muss man in Zitronen tun, damit der Saft süß wird?

Und was? was? was? muss man hier dazutun zu diesem Augenrollen, Händeringen, Fäusteschütteln, damit ein Riesenhaus voller eigentlich ganz vernünftig wirkender Menschen zuguckt und nicht lacht? Was ist Musik?

Er verstand die Gesten nicht. Die redeten in einer fremden Gebärdensprache aus einem fernen Land, und das Einzige, was er begriff, war: In diesem Land muss alles viel viel größer sein.

Nur eine Gebärde war auch in seiner Sprache ein Wort, und das kam alle paar Minuten vor: Sie legten die Hände über das Herz, beide Hände in flachem Winkel über das Herz.

Sie redeten also von Liebe.

Was ist Musik, dass man damit ständig so riesengroß von Liebe schreien kann? Was?

Da spürte er, dass jemand hinter ihm stand.

Maria setzte sich halb auf die Sessellehne. Die Krücke fiel auf den Boden. Sie nahm ihm die Fernbedienung aus der Hand und stellte den Ton ab.

Für Johannes änderte sich nichts, für Maria alles. Aber nicht sofort. Sie kannte das Duett, das gerade gesungen wurde, und hörte es weiter, als der Ton weg war. Dann wechselte die Szene. Und so gut kannte sie den *Troubadour* nicht. Sie verlor die Musik.

Was übrig blieb, war schlimmer als die Peruaner vom S-Bahnhof.

Maria kicherte.

Johannes schaute sie an.

Maria lachte.

Die Beine taten ihr weh, verdreht wie sie saß, aber sie musste lachen, und davon tat ihr die Rippe weh. Sie stützte sich an Johannes' Schulter. Er fühlte, wie das Lachen sie schüttelte, es lief in seine Schulter und weiter in den rechten Arm, aber er lachte nicht mit.

«Was ist das?», fragte er. «Was? Warum ist das nicht komisch, wenn man es hört?»

«Weil», sagte Maria, «weil ...»

Aber sie konnte es nicht erklären.

Als Johannes den Hund ausführte, kam Sophia in Marias Zimmer, und Maria konnte endlich fragen: «Wer ist Tanja?»

«Tanja?», sagte Sophia. «Ja, die war in München. Ihre Mutter bewirbt sich um eine Stelle im Kindergarten. Wenn sie die kriegt, werden wir uns wieder öfter sehen.»

«So», sagte Maria.

«Eine halbe Stunde», sagte Sophia, «geht er immer mit dem

Hund, mindestens. Jetzt erzähle ich dir die Geschichte von den Händen.»

«Das schaffst du nicht», sagte Maria, «von Füßen wirst du erzählen oder über Handtücher reden, aber nicht über ...»

Hände

«Ich bin froh», sagte Herr –

«Ich hab vergessen, wie er hieß», sagte Sophia. «Vielleicht weiß es Stefan?»

«Siehst du», sagte Maria, «geht schon los. Ruf jetzt bitte nicht Stefan an.»

«Ich kann den doch nicht auch einfach ‹Müller› nennen», zögerte Sophia.

«Meier?», schlug Maria vor.

«Er hieß nicht Meier.»

«Bitte nenn ihn Meier», bat Maria. «Bis dir einfällt, wie der hieß, ist Johannes zurück, und ich krieg die Geschichte mit den Händen wieder nicht.»

«Ich bin froh», sagte Herr Meier.

Das konnte Sophia in insgesamt fünf Sprachen akzentfrei sagen:

– Ich bin froh.

– I am glad.

– Je suis heureuse.

– Soy feliz.

– Sono felice.

Aber in der Sprache, die sie jetzt lernen sollte, würde sie vielleicht niemals akzentfrei sagen können: Ich bin froh.

Sie schaffte noch ein halbwegs korrektes: Ich bin.

Auch dafür musste sie die Hände aus den Taschen nehmen, die Arme aus der Halterung reißen, in die sie immer automatisch einrasteten – aber das schaffte sie –, und sagen: ‹ich bin›, mit dem Zeigefinger auf sich selber zeigen, das war nicht schwieriger als Fenster öffnen, Jacken zuknöpfen, Butterbrot schmieren. Aber ‹froh› ...

Sophia sollte die Hände öffnen, beide Hände geöffnet mit den Handflächen nach oben vor die Brust halten –

– nicht wegstrecken die Daumen –

«So lassen Sie den Daumen doch da, wo er hinwill, wenn Sie die Hand öffnen!»

– nicht anklemmen –

«Es gibt eine Stellung für den Daumen, die mag er, da will er hin.»

Sophias Daumen wollte in den Handschuh oder in die Tasche, ansonsten wusste er nicht, was er wollte.

– und die Finger! Nicht zusammenpressen –

«Locker lassen. Dann machen die ganz von selbst einen weichen Bogen.»

– nicht spreizen –

«Na ja – so ähnlich – und jetzt kreisen. So.»

– rund, Kreise sind rund und haben keine Ecken –

Und dabei sollte auch noch Sophias Gesicht sagen: ‹froh›.

Sie sollte lächeln mit Lippen und Augen, mit lauter Muskeln, von denen sie gar nicht wusste, dass sie da welche hatte. Und Muskeln im Gesicht kann man nicht bewegen wie die in Armen und Beinen.

Daheim übte Sophia vor dem Spiegel und vor ihrem schlafenden Kind. Johannes war also taub. Die Diagnose stand fest. Wenn Sophia mit ihm reden wollte, musste sie gebärden, berühren, lächeln. Es gab nichts Schwierigeres für sie auf der Welt.

«Berühren», sagte Sophia, «anfassen, das war das Schwierigste. Ich kannte das doch nicht. Ich meine, dass man als kleines Kind so auf dem Boden sitzt und die Mutter geht vorbei und legt einem mal die Hand auf den Kopf oder so was.»

«Machen Mütter so was?», fragte Maria.

Sophia schaute sie verblüfft an.

«Aber deine Mutter geht doch auf dich zu und nimmt dich in den Arm. Meine hat das nie getan.»

«Ja», sagte Maria, «aber meine trifft nicht.»

«Wie meinst du das?»

«Meine Mutter *rennt* auf mich zu und will mich in den Arm nehmen. Aber sie trifft immer haarscharf daneben. Ich steh dann da und gucke zu. Sie hat jemand im Arm. Weiß nicht, wer das ist.»

«Ah», sagte Sophia.

«Glaubst du», sagte Maria, «glaubst du – Johannes musste das aussuchen – ich meine, er musste sich entscheiden – entweder wollte er hören oder gestreichelt werden – von seiner Mutter?»

Sophia schaute an ihr vorbei und antwortete nicht.

«Erzähl weiter», verlangte Maria, «bitte!»

Sophia versagte vor dem Spiegel. Alles geriet zur Grimasse. Stefan half ihr. Er glaubte an ihr Gesicht.

«Ich weiß doch, dass du es kannst», sagte er. «Ich hab doch das alles schon bei dir gesehen.»

Und Andreas half ihr.

«Versuch mal mit ‹traurig›», sagte er, «das ist leichter.»

Stefan gab nicht auf, weil er im Gegensatz zu Sophia an Wunder glaubte.

Das erste Wunder geschah mit Andreas.

Samstags war der Unterricht in der Gebärdensprache am

Nachmittag, und da brachten alle Eltern ihre hörenden Kinder mit. Auch die mussten lernen, mit dem neuen Geschwisterchen zu reden. Da saß Andreas nicht lange auf den Händen. Er lernte leicht, worum Sophia sich mühte. Seine Hände wurden flügge.

Andreas ging dann in den Kindergarten für Gehörlose. Da gab es auch einige hörende Kinder, ältere oder jüngere Geschwister. Er stand nicht lange abseits. Alle kamen auf ihn zu wie Olaf mit dem schiefen Mund. Einige bewegten die Hände, andere fragten:

«Kannst du hören?»

Andreas nickte.

«Richtig hören?»

Andreas nickte.

«Kannst du auch sprechen?»

Andreas sagte: «Ja.»

«Richtig sprechen?»

«Ja», sagte Andreas, «ich kann richtig sprechen.»

Und schon gehörte er zu einer Gruppe. Das Seltsame war, dass er damit sofort auch zu der anderen Gruppe gehörte.

Seine Hände, die schon ein bisschen flattern konnten, lernten fliegen, und sein Gesicht lernte alle Wörter. Nicht nur ‹traurig›.

Zu Sophia aber sagte eines Tages Herr Meier: «Sie werden lernen, in dieser Sprache zu sagen: Tisch oder Stuhl. Auch: Laternenpfahl. Oder: Parmesankäsedose. Sie werden auch sagen können: Erkenntnistheorie. Oder: Objektivität. Aber wie kann ich Ihnen beibringen zu sagen: ‹froh›?»

Ein paar Wochen später hatte er eine Lösung gefunden. Es war in einer Abendstunde. Er bat Sophia und Stefan zu bleiben und wartete, bis alle anderen gegangen waren. Dann erzählte er von Carolin.

«Sie ist ungefähr so alt wie Sie, gehörlos geboren, auch ihre Eltern sind taub. Carolin spricht also die echte Gebärdensprache – und jetzt müssen Sie entscheiden –»

«Also, das ist so», sagte Sophia, «das ist ein bisschen schwer zu erklären, weil es so unsinnig ist. Was wir hier normalerweise mit den Gesten machen, ist: wir unterstützen unsere Sprache, die Lautsprache. Es gibt aber noch eine richtige Gebärdensprache, die mit der Lautsprache nichts zu tun hat. Das sind zum großen Teil dieselben Gebärden. Es ist trotzdem etwas völlig anderes. Es ist eine ganz eigene Sprache. Die hat eine Grammatik, man kann damit Gedichte machen, auch singen. Ja – und das Problem ist – die Experten streiten sich, ob man Gehörlosen diese Sprache überhaupt beibringen soll. Viele meinen, dass es sie isoliert. Und wir wollen natürlich, dass sie mit allen hörenden Menschen reden können. Also, wir sollten nun entscheiden, ob Johannes die echte Gebärdensprache lernen durfte. Die kann er nur mit wenigen Menschen sprechen. Auch viele Gehörlose können die nicht, nicht so gut. Es ist aber die einzige Sprache, die ihn überhaupt nicht anstrengt. Wir sagten ja.»

«Gut», sagte Herr Meier, «ich werde Ihnen Carolin vorstellen. Es hätte wirklich für alle nur Vorteile. Sie haben ein großes Haus. Carolin könnte bei Ihnen wohnen. Sie sind daheim. Carolin hätte eine Tagesmutter für ihr Kind und könnte ihre Ausbildung machen. Sie lernt Kindergärtnerin in einem Gehörlosenkindergarten. Der Vater kümmert sich nicht um das Kind. Er ist gegangen, weil er fürchtete, es sei taub. Es kann aber hören. Und es soll natürlich sprechen lernen. Das kann Carolin ihm nicht beibringen. Ihre Eltern auch nicht.»

Carolin kam mit ihrer kleinen Tochter. Die war ein paar

Monate jünger als Johannes. So also lernte Johannes von Carolin seine Muttersprache und Tanja ihre von Sophia.

«Ach so», sagte Maria und dachte: ein Irrtum.

«Ja, so», sagte Sophia. «Was hast du gedacht?»

«Ach – weißt du», sagte Maria.

«Ich weiß.» Sophia nickte. «Ich habe es gemerkt.»

«Die waren so ... die beiden ... ich meine Johannes und Tanja da am Bus ... die waren so ... die waren sich so nah.»

Sophia nickte.

«Und ich», sagte Maria, «ich war so unglücklich. Weil ich sah, wie schön sie sprechen können mit den Händen. Wie singen. Und nie hat er mir das gezeigt. Warum hat er nie versucht, mir das zu zeigen?»

Sophia zuckte die Achseln.

«Ich weiß nicht», sagte sie, «vielleicht ... hat er gar nicht das Gefühl, dass er dich in seine Welt ziehen muss ... vielleicht ... bist du ihm nah und ihm fehlt nichts, er kann gut mit dir reden, ihm fehlt nichts. Auch keine Musik.»

Doch, dachte Maria, das fehlt ihm. Das muss ihm doch fehlen.

«Johannes und Tanja sind wie Geschwister aufgewachsen», sagte Sophia, «bis wir hierher gezogen sind, weil Stefan hier eine Stelle bekam und die Schule für Johannes gut ist.»

Was für ein toller Irrtum!, dachte Maria.

«Und verstehst du jetzt», fragte Sophia, «wie Johannes' Taubheit uns gerettet hat, Andreas und mich?»

«Und mich», sagte Maria.

Das verstand nun Sophia nicht.

«Wieso dich?»

«Weil er mich anschaut. Weil er mich sieht. Mich hat noch nie jemand gesehen. Ich bin unsichtbar. Ich werde nur gehört.»

«Ah», sagte Sophia. «Ah.»
«Sag mal: ‹Ich bin froh› auf gebärdisch», verlangte Maria.
Sophias Gesicht und Hände sprachen akzentfrei: ‹froh›.

Johann Christian

Andreas trug Maria die Treppe hinunter und summte leise vor sich hin. Maria sang sofort mit.

«Das ist schön», sagte sie. «Ich kenne das nicht. Wieso kennst du das und ich nicht? Das hast du nicht von Heavy Metal.»

«Nein», sagte Andreas, «nein.»

Er setzte Maria auf ihren Platz am Mittagstisch und summte nicht weiter. Aber die Melodie hing in Marias Ohr.

Es gab Spaghetti. Maria als Italienerin hatte einen Essvorsprung. Johannes schaute bewundernd zu, wie sie mit Gabel und Löffel die Nudeln aufrollte und kein bisschen Tomatensoße verspritzte. Thomas erzählte von seinem Ruderclub, nichts mehr von Mercedes, die hatte er vergessen. Sophia sah Andreas an und dann unruhig hin und her, denn Maria summte laut durch Nudeln und Soße, ohne Worte, sie hörte nur auf, wenn sie schluckte.

Sophia drehte den Kopf zur Seite, sodass Johannes ihr Gesicht nicht sehen konnte, und fragte: «Warum hast du das gemacht?»

Andreas schaute in den Garten.

«Ich hab' s nicht gewollt», sagte er.

Thomas fragte: «Was singst du?»

Und Johannes: «Was habt ihr?»

Da rutschten Maria die Spaghetti von der Gabel.

«Das ist es», flüsterte sie, «das!»

Maria sang:

«Bauchtanzbaby, strampelt, zampelt ...»

Johannes erkannte die Worte. Die hatten Sophia und

Andreas auf dem Xylophon geklopft, die hatten auf dem Zettel im Speisesaal des Hotels gestanden. Alle waren sie darum herum gewesen, nur ihm sagten sie nichts, und er stand da und kapierte nichts.

«Bauchtanzbaby», sagte Thomas. «Was für ein Quatsch!»

Sophia aß schweigend.

Andreas sagte: «Ich habe das nicht gewollt. Aber wir hätten es ihr doch sowieso erzählt.»

Maria hörte auf zu singen. Nur ihre Lippen sagten und nur Johannes verstand: Nun wird er sich erinnern. Er wird sich erinnern. Jetzt.

Johannes wusste, dass er gemeint war. Er dachte nach, woran er sich erinnern sollte. Es fiel ihm nichts dazu ein.

Nach dem Essen blieb Maria auf der Terrasse. Die anderen räumten den Tisch ab.

Maria saß draußen und schrie: «Sophia!» und «Andreas! Ihr müsst mir jetzt helfen! Warum habt ihr mir das nicht gesagt?»

Sophia kam und setzte sich neben sie, sagte aber nichts.

«Warum?», fragte Maria. «Warum? Warum?»

«Lass es doch», sagte Sophia. «Lass es doch.»

«Nein! Ihr müsst mir helfen. Ihr wolltet mir helfen. Und ihr hattet die Melodie und erzählt mir das nicht.»

«Du quälst ihn doch nur», sagte Sophia. «Er kann nicht hören. Kein Wort, kein Lied.»

Maria schrie: «Ich quäle ihn doch nicht! Ich schenke ihm etwas!»

«Aber es geht nicht», sagte Sophia. «Du gibst ihm ein Geschenk, und er kann es nicht auspacken. Er dreht es in den Händen, er schüttelt es, er weiß, es ist etwas drin, aber er bekommt es nie, nie, es quält ihn.»

Da ging das Telefon.

«Das ist mein Vater», sagte Maria.

Andreas brachte ihr den Hörer.

Und Maria sang in das Telefon: ‹Andante für hörende Ohren im Bauch›, von Süddeutschland nach Tokio.

«Und es ist Bach», sagte sie. «Aber niemand kriegt raus, aus welchem Stück. Ich habe Walter gefragt. Der kennt den ganzen Bach. Behauptet er.»

Harald in Tokio lachte.

«Maria, das hättest du wissen müssen. Natürlich ist das Bach. Aber nicht Johann Sebastian. Es ist das Andante aus einer Sinfonie von seinem Sohn, seinem jüngsten, Johann Christian, sehr begabt, und dieses Stück, der langsame Satz aus der Sinfonia es-Dur, Opus 9 Nr. 2 – das ist genial. Sag der Sophia, sie kann nicht so unmusikalisch sein, wenn sie sich dieses Stück ausgesucht hat.»

Maria fragte noch: «Es gibt eine Schallplatte. Von EMI. Haben wir die?»

«Ja», sagte Harald, «natürlich.»

Johannes und Thomas waren fertig mit dem Geschirr.

Maria verabschiedete sich von ihrem Vater.

Johannes sagte: «Thommie rudert uns auf den See. Ich kann auch ein bisschen rudern. Kannst du in das Boot einsteigen?»

«Nein», sagte Sophia, «kann sie nicht. Aber geh du mit Thommie und üb etwas. Dann kannst du nächste Woche vielleicht mit Maria allein auf den See.»

Gut, dachte Maria, gut.

Die Jungen gingen.

«Ich soll dir einen Gruß sagen von meinem Vater», sagte Maria, «und ein Kompliment. Du hast ein geniales Stück gefunden von diesem Bach. Aber natürlich nicht von Johann Sebastian. Es ist Stück von seinem jüngsten Sohn. Johann Christian.»

«Ah», sagte Sophia.

Und Andreas in der Terrassentür fragte sofort: «Habt ihr die Schallplatte ... vielleicht doch?»

Andreas schnaufte. Er trug Maria bei Käfers die Treppe hinauf, bis ganz nach oben, bis ins Musikzimmer unter dem Dach.

Im Schallplattenregal war Johann Christian Bach nur ein schmaler Streifen. Da fanden sie schnell die miserable Kaffeetante, der Hund schaute in das Grammophon, aber die Pfannkuchen auf den Köpfen der Frauen konnte man mit Sicherheit nicht essen.

«Spitzendeckchen», sagte Maria, «sehen aber wirklich aus wie Puderzucker.»

Andreas nickte. Er prüfte, ob in der Hülle auch die richtige Platte war. Dabei zitterten seine Hände.

«Damals hast du nicht gezittert», sagte Maria, «ich meine, als du klein warst und den Tonarm richtig absenken musstest. Da hast du nicht gezittert.»

«Man wird alt», sagte Andreas.

Er trug sie die Treppe hinunter, Maria hielt die Platte, Andreas sagte mehrmals: «Lass sie bloß nicht fallen.»

Bei Beers lief Sophia hin und her, blieb stehen, lief wieder, ging aber nicht fort.

«Du willst es nicht hören?», fragte Andreas.

«Ich hab ein Kind verloren, damals», sagte sie, «Oliver.»

«Und eins bekommen», sagte Andreas. «Welches willst du?»

Sophia nickte.

Maria zog die Platte aus der Hülle.

«Jetzt hab ich vergessen, welche es war. Mein Vater hat gesagt Sinfonia ... Ich weiß nicht mehr.»

Andreas nahm ihr die Platte aus der Hand.

«Ich weiß es», sagte er, drehte die Scheibe kurz hin und her und entschied sich für eine Seite.

Der Plattenspieler war unten in der Stereoanlage, er wurde nie benutzt. Andreas legte sich auf den Bauch und blies den Staub weg. Er schob den Tonarm über die rotierende schwarze Fläche, schaute genau, legte einen kleinen Hebel um und senkte damit den Tonarm. Sie hörten ein feines leises Knistern, sonst nichts. Andreas drehte sich um und sah Sophia an. Sie lächelte.

«Gut gemacht, Kleiner», flüsterte sie.

Dann erst kam die Musik. Alle erkannten: ‹Sinfonie für Oliver, Andante für hörende Ohren im Bauch›.

Andreas nahm die Lautstärke zurück. Sie hatten zur Miete gewohnt damals und nicht so laut Musik hören dürfen. Sophia legte die Hände auf den Bauch und zog sie sofort wieder weg. In ihrem Gesicht war ein Schmerz.

«Nicht», sagte Andreas, so leise, dass sie es kaum verstehen konnten, obwohl die Musik gar nicht laut war, «nicht. Glücklich schauen, bitte.»

Sophias Lippen sprachen lautlos:

Drinnen noch, innen noch, tanzt Oliver ...

Das sah Johannes im Spiegel. Niemand bemerkte ihn. Sie hatten nicht mit ihm gerechnet. Er hatte sich mit Thomas gestritten, wie so oft, wenn es um das Boot ging, und war heimgegangen. Thomas fuhr allein auf dem See. Johannes war sauer. So gern hätte er ein bisschen rudern geübt, um bald mit Maria hinauszufahren. Aber Thomas schimpfte über jede kleine Ungeschicklichkeit. Nun kam er zurück und sah im Spiegel

– geigt und klimpert, bläst und trommelt –

Wieder einer von diesen Sätzen! Darin kam er nicht vor. Da war kein Platz für ihn, so wenig wie in dem Boot. Andreas saß auf dem Boden vor der Stereoanlage und schaute Sophia an. Sein Gesicht sagte in Johannes' Sprache: ‹Freude› oder ‹Glück›, vielleicht sogar ‹Liebe›. Aber seine Hände machten keine Gebärden dazu.

Maria saß mit dem Rücken zum Plattenspieler, mit gestreckten Gipsbeinen. So, wie sie sich zur Seite wandte, der Anlage zu, musste ihr eigentlich die gebrochene Rippe wehtun.

Sophia sah Johannes im Spiegel und zuckte zusammen wie ertappt.

Ich habe sie erwischt, dachte Johannes. Sie tun etwas, das ich nicht wissen soll. Auch Andreas guckte so, als er ihn bemerkte. Maria nicht. Sie griff zur Seite und verstellte einen Hebel. Der Tonarm hob sich. Johannes sah, dass die Platte sich weiter drehte. Für ihn änderte sich nichts. Er ging zu dem Gerät. Andreas stand auf. Johannes starrte auf die schwarze rotierende Scheibe. Zwar sah er hier mehr als bei dem CD-Player, aber es lohnte sich nicht, das zu sehen.

Hinter seinem Rücken sagte Sophia zu Andreas: «Komm!»

Und zu Maria: «Also versuch es. Du wirst nicht viel ... ich glaube nicht ... wir gehen ... wir lassen euch ...»

Andreas sagte: «Vielleicht doch. Mach keine Kratzer auf die Platte und verknick die Hülle nicht.»

Johannes kniete vor dem Plattenspieler.

«Macht das weg!», sagte er. «Weg!»

Er konnte es nicht selber tun. Er hatte nie gelernt, mit so etwas umzugehen. Und wenn er jetzt auf diesen Schalter drückte, an diesem Knopf drehte, würde er nicht einmal merken, ob er getan hatte, was er tun wollte.

Maria griff an ihm vorbei, verschob den Tonarm, legte den Hebel um, die Nadel senkte sich auf die Platte. Maria zuckte zusammen, sie hatte nicht so genau getroffen wie Andreas und musste den Schluss des schnellen Satzes hören. Sie nahm die Lautstärke fast ganz weg, bis die Pause kam. Dann ließ sie das Andante erklingen. Sie drehte sich um. So verdreht zu sitzen, war sehr unbequem für sie.

Johannes starrte noch immer auf die Schallplatte.

Sie legte ihm eine Hand auf den Rücken, auf den untersten Halswirbel, der so vorsteht, und ließ die Hand hinabgleiten und wieder hinauf. Durch das T-Shirt spürte sie alle seine Rückenwirbel, ein wenig die Rippen und die Schulterblätter, die zuckten. Sie sang leise:

«Drinnen noch, innen noch, tanzt Oliver ...»

Er spürte ihren Atem an seinem Hals. Ihr Atem sprach. Er schaute sie an und las:

«Bauchtanzbaby, strampelt, zampelt ...»

Das sagte sie also auch neben ihm, bei ihm, zu ihm.

«... her, hin und her ...»

Erinnern sollte er sich, hatte sie mittags gesagt, erinnern.

«Außen dann, draußen dann, singt Oliver ...»

Er erinnerte sich.

Er hatte einmal Oliver geheißen.

Was half ihm das?

Maria beginnt auf seinem Rücken zu spielen. Harfe. Ihre Finger schieben Falten in das T-Shirt und glätten es wieder. Sie zupft an seinen Schulterblättern und pocht auf seine Rückenwirbel. Ihre Hand greift über seine Schulter und streicht ihm über das Schlüsselbein. Dabei verlässt sie den Stoff.

Maria spielt das Andante der Sinfonia Es-Dur von Johann Christian Bach, spielt es auf seinem Rücken. Aber er klingt nicht. Er zittert.

Er schaut sie an. Was ihre Lippen sagen, passt zum Takt ihrer Hand auf seinem Rücken.

Zwischen seinen Schulterblättern liegt ihre Hand und hält einen langen, hohen Ton. Ihre Finger und die weiche Innenseite ihrer Hand drücken ihm den Rhythmus in die Wirbelsäule. Er sollte nun klingen wie ihre Harfe, wie der Hohlkörper einer Geige. Aber Johannes hat einen Körper, keinen Hohlkörper. Es ist nicht Luft, was in ihm zu schwingen anfängt.

Alles in ihm dehnt sich aus. Die Haut spannt. Sie ist zu eng. Um so empfindlicher spürt er Marias Hände auf seinem Rücken. Wenn sie nicht so weich wären, täten sie ihm weh. Eigentlich tun sie weh. Er ist ganz leicht. Er muss den Kopf schütteln, damit er merkt, ob der nicht schon weggeflogen ist. Seine Hände wollen etwas sagen. Es ist kein richtiges Wort, nur ein Laut, wahrscheinlich ein: Oh. Und das wird ziemlich groß, weil alles in ihm so groß ist.

Und da gelingt ihm, was Maria so vergeblich versucht hat, ihm zu zeigen:

Johannes singt.

Er schaut sie an, wendet sich ihr zu, ihre Hand gleitet von seinem Rücken.

«Ich singe?», fragt er.

Sie nickt.

«Deine Sprache?»

Sie nickt.

Johannes singt. Und bewegt die Hände. Er schaut seinen Händen zu. Die sagen nur halbe Worte, Silben, große, langsame Silben.

Und Johannes versteht, was die Gesten der Sänger so groß macht. Es geht nicht anders. Sie werden so groß, wenn man singt.

Maria hält still. Sie wagt keine Bewegung. Eigentlich möchte sie die Musik abstellen. Die braucht sie nicht mehr. Was Johannes singt, hat nichts damit zu tun. Er singt wie ein arabischer Hirte in der Wüste. Lauter einzelne Töne.

Das «Andante für hörende Ohren im Bauch» ist zu Ende.

Drei Sekunden lang knistert der Plattenspieler. Dann beginnt der letzte Satz: Tempo di Menuetto, und das passt gar nicht mehr zu dem, was Johannes singt. Maria greift, ohne sich aus der Hüfte zu drehen, den Lautstärkeknopf und nimmt den Ton weg. Eine schlimme Bewegung. Der Schmerz fährt durch die verletzte Rippe in die Brust. Sie legt die Hände darauf, die linke auf das Herz und die rechte im flachen Winkel darüber. Noch während sie das tut, erkennt sie die Gebärde. Johannes hört auf zu singen.

«Meine Sprache», sagt er und macht dieselbe Gebärde.

«Du sprichst meine Sprache.»

Und da versteht Maria das Wort. Ohne Laut, ohne Stimme versteht sie das Wort.

So tauschten sie ihre Sprachen. Johannes sang, und Maria verstand ein Wort seiner Sprache. Zunächst nur ein einziges Wort.

Aber ein Wort ist eine ganze Menge.

Wenn es dieses ist.

Was ist denn eine Telefonzelle?

Nachwort zur Neuausgabe

Als ich dieses Buch schrieb, habe ich natürlich eine Schule für Gehörlose besucht. Ich musste ja wissen, wie die Schüler dort leben und lernen. Auf dem Weg dorthin verfuhr ich mich fürchterlich. Völlig orientierungslos hielt ich am Straßenrand.

«War das Navi kaputt?», höre ich euch fragen.

Nein, war es nicht, ich hatte kein Navi, und die Autos, die an mir vorbeifuhren, während ich hilflos in meine Straßenkarten schaute, hatten mit Sicherheit auch keins.

Als ich wenigstens wieder die Richtung wusste, fuhr ich langsam weiter. Ich würde zu spät kommen, das war schon klar, ich musste den Schulleiter anrufen. Also hielt ich Ausschau nach einer Telefonzelle.

«Einer was?», höre ich euch fragen.

Telefonzelle, das waren so kleine Häuschen mit einem Telefon. Da konnte man Münzen einwerfen und telefonieren.

«Ah» höre ich euch fragen, «Sie waren in einem Funkloch? Oder Sie hatten das Handy vergessen?»

Nein, weder noch. Ich hatte kein Handy. Und die Leute auf den Gehwegen hatten damals mit ziemlicher Sicherheit auch keins.

Und nun wollt ihr wissen, ob ich das Buch in der Jungsteinzeit geschrieben habe.

Es entstand vor ungefähr zwölf Jahren, bevor es in allen Haushalten Zugang zum Internet gab. Ich glaube, niemals hat sich in einem Jahrzehnt die äußere Welt so sehr verändert. Gehörlose zum Beispiel haben heute selbstverständlich ein Smartphone und können mit ihren Freunden genauso

Nachrichten tauschen wie Hörende. Was sich aber nicht verändert hat, das sind die Gefühle miteinander und zueinander. Darum haben wir entschieden, das Buch nicht auf den neuesten Stand im Umgang mit Medien zu bringen. Was an dieser Geschichte wichtig ist, wird es auch in den nächsten zehn Jahren noch sein. Denkt einfach: das ist wie im Kino, wenn vor Beginn des Films ein großes Bild kommt mit dem Signal: «Handys aus!»

Christa Ludwig